Les nouveaux CAHIERS

HISTOIRE GÉOGRAPHIE

ENSEIGNEMENT MORAL ET CIVIQUE

1re BAC PRO

NOUVEAUX PROGRAMMES 2020

Coordination :

Olivier Apollon et Christophe Escartin
IEN lettres-histoire-géographie

Anne Bertrand
Professeure de lettres-histoire-géographie

Didier Butzbach
IEN lettres-histoire-géographie

Emmanuel Dubus
Professeur de lettres-histoire-géographie

Rémi Lahire
Professeur de lettres-histoire-géographie

Jenny Mouillet
Professeure de lettres-histoire-géographie

Sophie Philippi
Professeure de lettres-histoire-géographie

FOUCHER

LES LIENS FOUCHERCONNECT

Le manuel papier s'enrichit de ressources numériques

foucherconnect.fr

GRATUIT !
Accessible SANS INSCRIPTION.
EN LIGNE sur www.foucherconnect.fr

▶ **Des pictogrammes** indiquent au fil des pages les liens vers les ressources en ligne.

Exemple **foucherconnect.fr/20hgc001**

Soit

J'accède à la ressource *via* l'adresse complète www.foucherconnect.fr/20hgc001

Soit

J'accède à la ressource *via* la plateforme www.foucherconnect.fr

J'enregistre cette page dans mes favoris pour mes prochaines visites.

Je saisis le code de la ressource indiqué dans le pictogramme.

▶ **Des flashcodes** vous permettent aussi d'accéder à certaines ressources avec un smartphone ou une tablette.

Conception graphique : Favre & Lhaïk
Mise en page : STDI
Cartographie : AFDEC
Iconographie : Sophie Suberbère
Relecture : Anne Rémond

ISBN 978-2-216-15764-8

Vos ressources numériques

vidéo

mémo > AUDIO

audio

lien

carte interactive

SOMMAIRE

Histoire

Géographie

Enseignement moral et civique

À la découverte de votre ouvrage

En histoire et en géographie

Ouverture de thème

De grands documents d'introduction

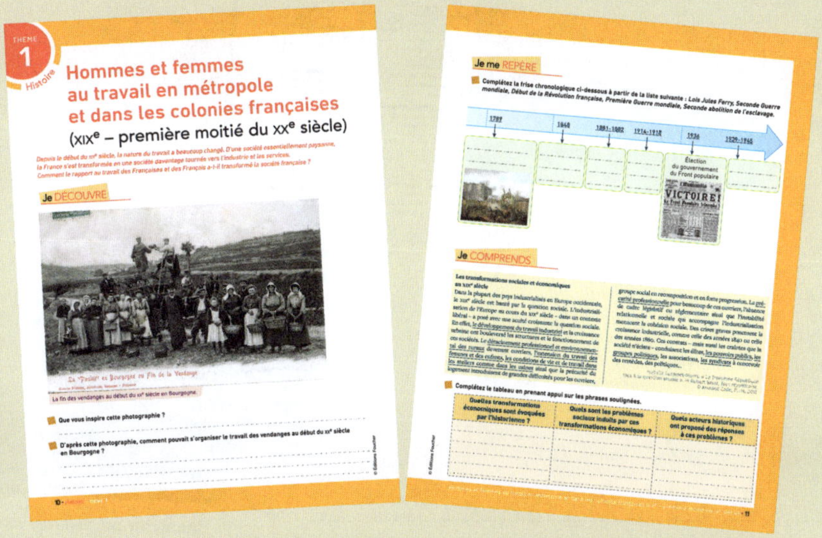
THÈME 1 Histoire

Hommes et femmes au travail en métropole et dans les colonies françaises (XIXe – première moitié du XXe siècle)

Je DÉCOUVRE

Je me REPÈRE

Je COMPRENDS

À la découverte du thème par les **repères** et la compréhension de la **problématique**

Trois problématiques

Des activités variées en lien avec les capacités

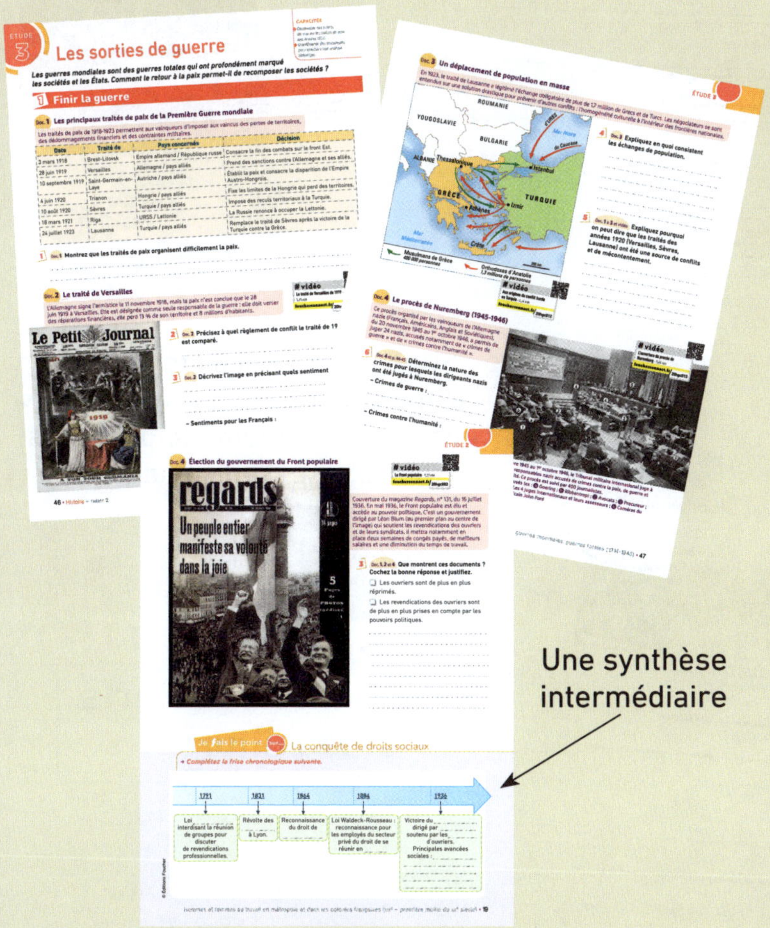
ÉTUDE 3 Les sorties de guerre

1 Finir la guerre

Un déplacement de population en masse

Le procès de Nuremberg (1945-1946)

Élection du gouvernement du Front populaire

Je fais le point La conquête de droits sociaux

Une synthèse intermédiaire

Activité différenciée

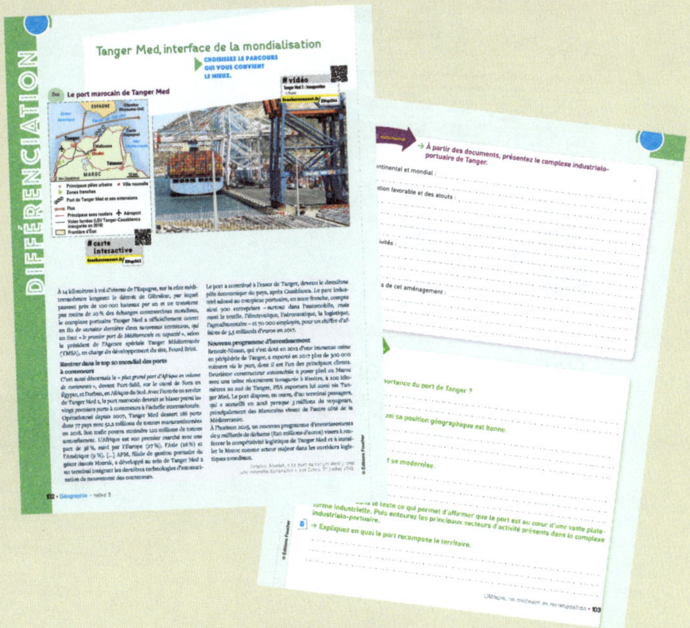
DIFFÉRENCIATION

Tanger Med, interface de la mondialisation

Deux parcours PARCOURS autonome PARCOURS accompagné pour répondre à l'hétérogénéité des classes

Bilan

Une synthèse audio et rédigée

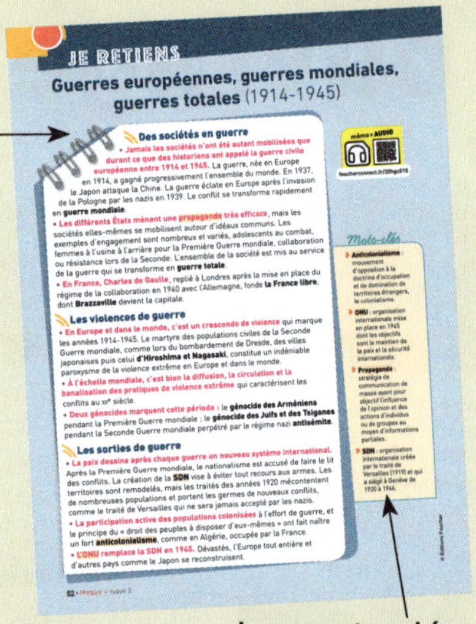

Les mots-clés

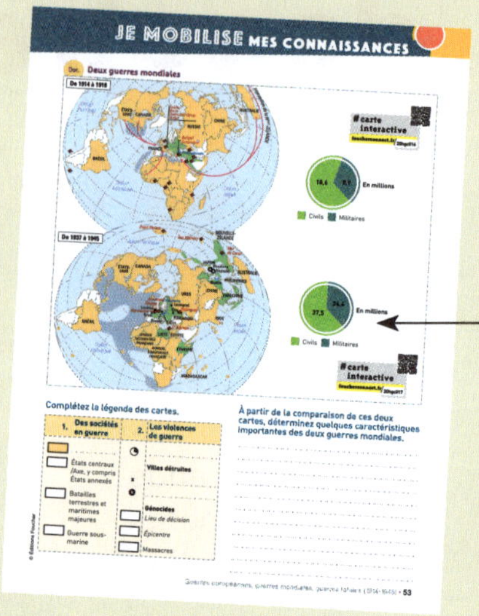

Un schéma ou une carte à compléter pour mobiliser ses connaissances

Capacité travaillée

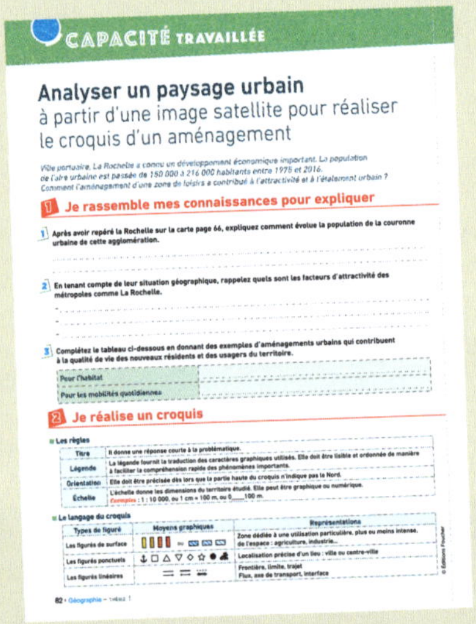

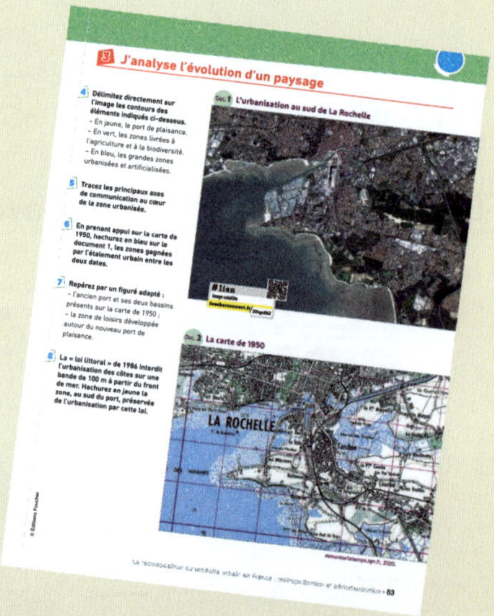

Une mise en activité autour d'une capacité du programme : une phase de méthodologie, puis une phase d'entraînement

Lien avec le français, l'EMC ou le chef-d'œuvre

Pour une mise en œuvre de l'interdisciplinarité

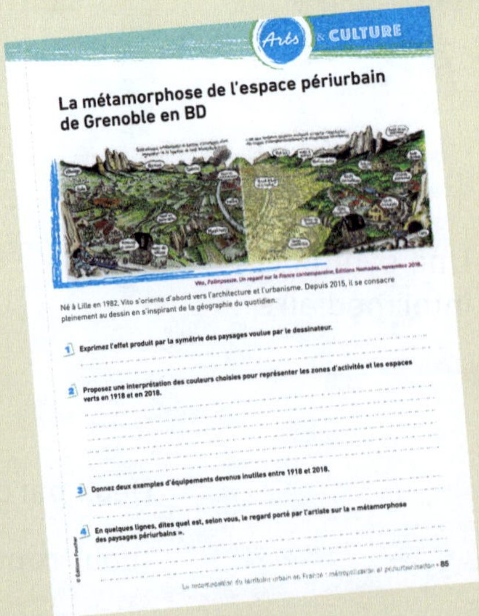

Ouverture sur les arts et la culture

En EMC

Thème

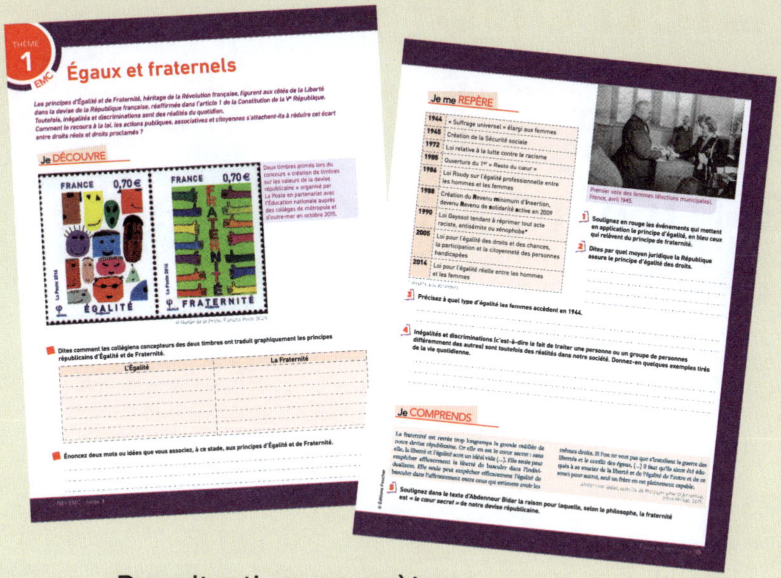

Des situations concrètes pour illustrer le thème

Mise en perspective

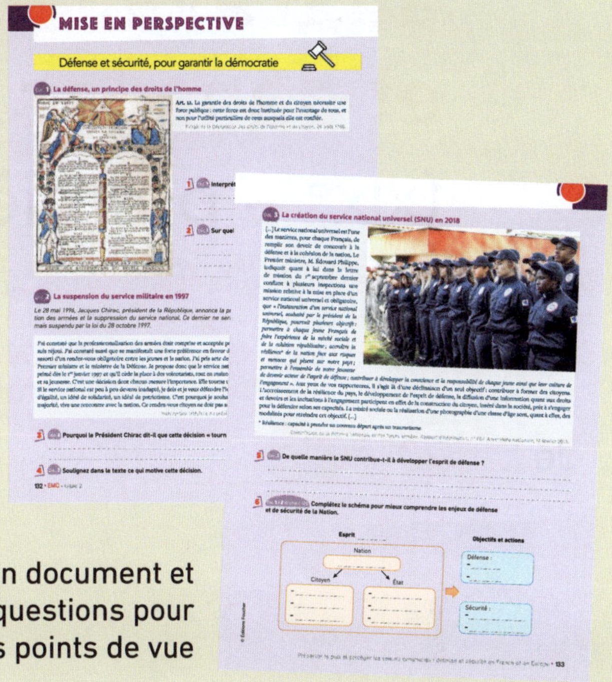

Un document et des questions pour élargir les points de vue

Démarche de projet

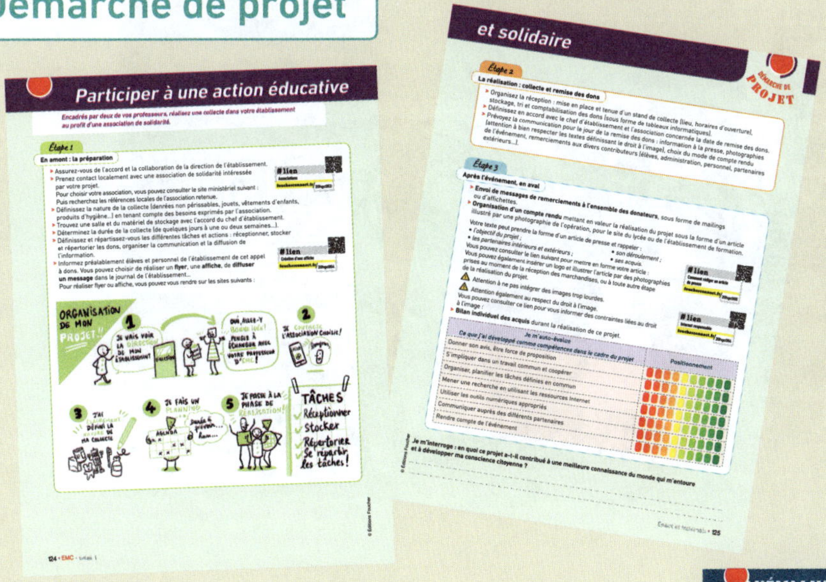

Des propositions variées de mise en œuvre

En fin de thème Histoire, Géographie, EMC

J'évalue mes compétences

Un entraînement sur chacun des grands thèmes du programme pour se préparer à l'examen

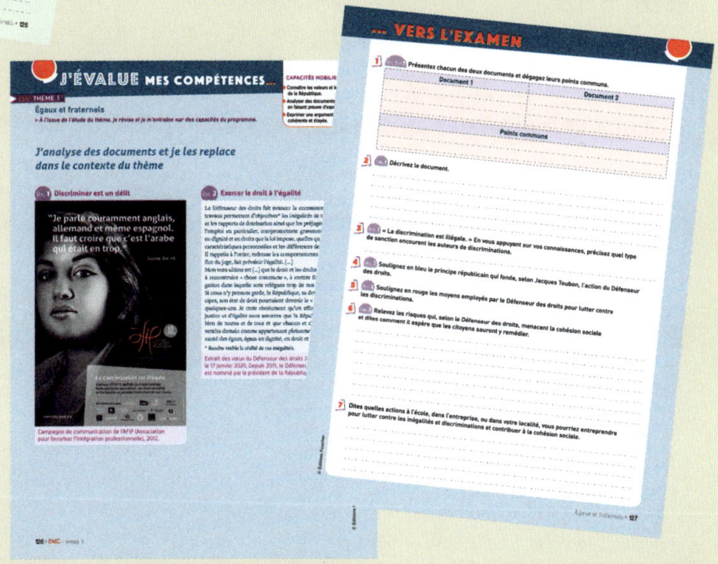

THÈME 1
Histoire

Hommes et femmes au travail en métropole et dans les colonies françaises

(XIXe – première moitié du XXe siècle)

Depuis le début du XIXe siècle, la nature du travail a beaucoup changé. D'une société essentiellement paysanne, la France s'est transformée en une société davantage tournée vers l'industrie et les services.
Comment le rapport au travail des Françaises et des Français a-t-il transformé la société française ?

Je DÉCOUVRE

La fin des vendanges au début du XXe siècle en Bourgogne.

Que vous inspire cette photographie ?

....

D'après cette photographie, comment pouvait s'organiser le travail des vendanges au début du XXe siècle en Bourgogne ?

....

....

....

Je me REPÈRE

Complétez la frise chronologique ci-dessous à partir de la liste suivante : *Lois Jules Ferry, Seconde Guerre mondiale, Début de la Révolution française, Première Guerre mondiale, Seconde abolition de l'esclavage.*

1789	1848	1881-1882	1914-1918	1936	1939-1945
………………… …………………	………………… ………………… …………………	………………… ………………… …………………	………………… ………………… …………………	Élection du gouvernement du Front populaire	………………… …………………

l'Humanité

VICTOIRE !

Le Front Populaire triomphe !

SONT ÉLUS

SONT BATTUS

Je COMPRENDS

Les transformations sociales et économiques au XIXe siècle

Dans la plupart des pays industrialisés en Europe occidentale, le XIXe siècle est hanté par la question sociale. L'industrialisation de l'Europe au cours du XIXe siècle – dans un contexte libéral – a posé avec une acuité croissante la question sociale. En effet, le développement du travail industriel et la croissance urbaine ont bouleversé les structures et le fonctionnement de ces sociétés. Le déracinement professionnel et environnemental des ruraux devenant ouvriers, l'extension du travail des femmes et des enfants, les conditions de vie et de travail dans les ateliers comme dans les usines ainsi que la précarité du logement introduisent de grandes difficultés pour les ouvriers, groupe social en recomposition et en forte progression. La précarité professionnelle pour beaucoup de ces ouvriers, l'absence de cadre législatif ou réglementaire ainsi que l'instabilité relationnelle et sociale qui accompagne l'industrialisation menacent la cohésion sociale. Des crises graves ponctuent la croissance industrielle, comme celle des années 1840 ou celle des années 1880. Ces constats – mais aussi les craintes que la société n'éclate – conduisent les élites, les pouvoirs publics, les groupes politiques, les associations, les syndicats à concevoir des remèdes, des politiques...

Isabelle Lespinet-Moret, « La Troisième République face à la question sociale », in Robert Belot, *Tous républicains*, © Armand Colin, Paris, 2011.

Complétez le tableau en prenant appui sur les phrases soulignées.

Quelles transformations économiques sont évoquées par l'historienne ?	Quels sont les problèmes sociaux induits par ces transformations économiques ?	Quels acteurs historiques ont proposé des réponses à ces problèmes ?
…………………	…………………	…………………
…………………	…………………	…………………
…………………	…………………	…………………
…………………	…………………	…………………
…………………	…………………	…………………

ÉTUDE 1

Travailler au XIXe et dans la première moitié du XXe siècle

CAPACITÉS
- **Identifier** les notions dans une ou plusieurs situations.
- **Questionner** un/des documents pour conduire une analyse historique.

Travailler au XIXe siècle et dans la première moitié du XXe siècle impliquait une multitude de métiers considérés plus ou moins noblement, dans l'agriculture pour une grande partie des Françaises et des Français, dans l'artisanat ou bien encore dans l'industrie naissante.
Comment ces métiers se sont-ils transformés durant cette période ?

1 Une variété de métiers au XIXe siècle et au début du XXe siècle

Doc. 1 Mémoires d'un paysan breton

Mon père avait été et était encore un maître à manier tous les outils agricoles ; il m'avait donné de bonnes leçons pour l'entretien et le maniement de ces outils. Avec cela, et mon courage aidé par l'amour-propre, je me sentais capable de suivre sinon les plus forts, du moins ceux de moyenne force, et surtout les filles de ferme, avec lesquelles il ne fallait pas rester en arrière, sous peine de perdre tout prestige et l'estime même de ces filles, qui étaient très heureuses et très fières de vous battre, car elles obtenaient d'être citées et trouvaient à se placer plus avantageusement ou même à se marier ; le malheureux vaincu devenait un objet de moqueries et d'injures, et par suite, trouvait difficilement à se replacer. Je fus assez heureux pour me tirer de cette première année tout à mon honneur et à mon avantage. J'acquis ainsi d'emblée une double réputation à rendre jaloux tous les autres : j'étais un ouvrier capable, doublé d'un petit savant, car alors, quand on voyait un homme à la messe avec un livre, on le prenait pour un grand savant. J'emportais toujours le mien, celui que le curé m'avait donné. De plus, j'étais chargé par la fermière, sur les conseils du curé, de lire tous les soirs la *Vie des saints* et de dire les Grâces que je savais par cœur et que je scandais pathétiquement, avec une grande onction, un peu mêlée, peut-être, de fierté et d'orgueil, qui pouvaient ôter à mes prières toutes leurs vertus.
Je passai ainsi mon temps entre trois ou quatre fermes, jusqu'à la fin de 1852 ; j'avais alors dix-huit ans et je commençais à me demander si j'étais condamné à passer toute ma vie dans ce rude métier et dans ce triste milieu de misères, de superstitions et d'ignorance. J'avais déjà entendu et vu certaines choses qui me faisaient réfléchir, des choses qui étaient en contradiction avec ce que nous disait le curé et avec ce que je lisais dans mes livres bretons.

Jean-Marie Déguignet, *Mémoires d'un paysan bas-breton*, 1904-1905.

1 Doc. 1 Quelles compétences possédait l'auteur ?

....

....

2 Doc. 1 Comment l'auteur décrit-il la société dans laquelle il vit ?

....

....

....

....

....

Doc. 2 Mémoires d'un compagnon

Le narrateur, compagnon menuisier, raconte son Tour de France et, ici, son arrivée à Chartres chez un artisan.

J'arrive chez M. Casting [...]. Il m'accueillit avec cordialité. J'eus pour camarades d'atelier un nommé Pierre Mallanfant, qui de garçon de ferme était devenu menuisier, et retourna plus tard à ses chevaux, et un nommé Loiseau, tous deux du département d'Eure-et-Loir. J'étais nourri, couché chez le patron. Il avait deux petites filles et un jeune garçon aussi.

Le père Briaut, charpentier du pays, camarade de M. Casting, avec lequel il allait souvent boire chopine, ayant su que j'avais des plans d'escaliers, me pria de donner des leçons à son fils aîné, qui pouvait être de mon âge. Je refusai obstinément. Je ne me sentais pas assez savant pour oser me faire professeur de trait. Je devais revoir plus tard ces braves gens et leur donner satisfaction. Le fils Briaut, ayant alors succédé à son père dans la conduite des travaux, devint de mes élèves. Il savait déjà faire les escaliers droits ; il apprit de moi à faire les escaliers tournants.

Six jours de la semaine je restais dans l'atelier à travailler : le septième, jour du repos, j'allais dans les champs.

Agricol Perdiguier, *Mémoires d'un compagnon*, 1855.

Doc. 3 Remontée de mineurs vers 1900 dans le nord de la France

 # vidéo
Le travail à la mine - 5,37 min
foucherconnect.fr/20hgc001

3 Doc. 3 **Faites correspondre les numéros aux propositions de lecture ci-dessous.**

....	Le moulineur actionne un levier donnant l'ordre au machiniste en surface de faire monter ou descendre les wagonnets (appelés bennes ou berlines).
....	Le puits par lequel descendent et remontent les wagonnets donne accès aux différentes galeries dans lesquelles est extrait le minerai de charbon.
....	Dans ce wagonnet, on observe deux mineurs et un galibot. Celui-ci est un enfant qui fait son apprentissage auprès d'un mineur. Son rôle est souvent de pousser les wagonnets au fond de la mine.
....	On remonte le minerai à la surface dans ce genre de wagonnet. Il est ensuite poussé vers des opérations de triage et de lavage. Ces travaux de surface sont souvent dévolus aux femmes et aux plus jeunes.

4 Doc. 1, 2 et 3 **Comment apprend-on un métier au XIXe siècle ?**

....

....

....

2 La transformation de l'économie française dans la première moitié du XXe siècle

Doc. 1 Atelier de carrossage d'automobiles en 1900

Armand Peugeot fonde en 1896 la Société anonyme des automobiles Peugeot, suite au désaccord qu'il a avec son cousin Eugène sur l'avenir de l'automobile.
Seules des « voitures automobiles », c'est-à-dire munies d'un moteur et d'un siège de carrosserie, pourront être fabriquées par cette société afin de ne pas concurrencer la fabrication des bicyclettes et autres engins produits par les usines de son cousin.
L'usine d'Audincourt, baptisée « usine des autos », débute son activité le 12 avril 1897 avec la fabrication de 54 véhicules cette même année. Son activité augmente rapidement puisque ce sont 798 véhicules qui seront construits en 1899 et 1 000 en 1905.
De 125 ouvriers en 1897, les effectifs atteignent 1 000 personnes en 1910. Plusieurs cités ouvrières seront construites autour de l'usine pour loger ces ouvriers.

Centre d'archives de Terre Blanche.

Ouvriers travaillant dans l'atelier de carrossage à Audincourt en 1900.

Doc. 2 Chaîne de finition

Chaîne de finition de la traction avant dans les usines Citroën de Paris en 1934 ; la production automobile augmente considérablement durant l'entre-deux-guerres.

1 Doc. 1 **Comment s'organise le travail à l'usine ? Cochez la bonne réponse.**

❑ Les ouvriers circulent entre les automobiles pour les aménager en faisant des allers-retours vers leur établi.

❑ Les ouvriers sont statiques, les automobiles se déplaçant sur un tapis.

2 Doc. 1 **Que peut-on dire du nombre d'ouvriers qui travaillent dans l'usine Peugeot au début du XXe siècle ?**

....

....

3 Doc. 1 et 2 **Observez la configuration de l'usine Citroën de Paris en 1934. Le travail est-il organisé de la même manière que dans le document 1 ?**

....

....

....

....

....

4 Doc. 1 et 2 **Comment les usines Citroën parviennent-elles à augmenter la production d'automobiles durant l'entre-deux-guerres ?**

....

....

....

Doc. 3 Publicité pour les engrais Joudrain en 1898

Doc. 4 Les machines agricoles dans les campagnes françaises

	1892	1929	1956
Tracteurs	0	27 000	396 000
Semoirs mécaniques	52 000	322 000	457 000
Arracheuses de pommes de terre	0	59 000	79 000
Machines à traire	0	3 500	90 000

5 Doc. 3 **Quel message véhicule cette affiche publicitaire ? Cochez les bonnes propositions.**

- ☐ L'industrie et l'agriculture sont en concurrence.
- ☐ Pour obtenir de bonnes récoltes, il faut utiliser des engrais.
- ☐ L'industrie des engrais produit de manière considérable.
- ☐ Les engrais Joudrain sont fiers de présenter leurs usines, symboles de progrès.

6 Doc. 4 **Quelle évolution de l'agriculture française peut-on lire dans ce tableau ?**

....

....

....

7 Doc. 3 et 4 **Pourquoi peut-on dire que l'agriculture française se transforme entre les années 1890 et les années 1950 ?**

....

....

....

Je fais le point sur... Travailler au XIXe et dans la première moitié du XXe siècle

→ *Complétez le tableau suivant.*

	Au XIXe siècle	Dans la première moitié du XXe siècle, l'économie française se transforme
Des activités économiques traditionnelles	.... (élevage, cultures)	Modernisation (.................., utilisation de plus en plus massive des ....)
	.... (exemple : menuiserie, clouterie, etc.)	Concurrence de l'industrie dans certains secteurs
Une activité économique récente	L'industrie (exemple : textile, mines, ..., etc.)	Le recours au ....
Un processus historique	L'**industrialisation** de l'économie française	

ÉTUDE 2

La conquête de droits sociaux

CAPACITÉS
- **Identifier** les notions dans une ou plusieurs situations.
- **Construire** une frise chronologique identifiant les acteurs de la question sociale, leurs modalités d'action et les principales avancées sociales sur la période étudiée.

Avec le XIXe siècle, les ouvriers se rassemblent peu à peu pour conquérir de nouveaux droits et améliorer leurs conditions de travail et de vie. Comment le monde ouvrier, issu des ateliers et des usines, a-t-il obtenu ces nouveaux droits ?

1 La première grande révolte ouvrière au XIXe siècle : la révolte des canuts

Un an après la révolution de Juillet (1830) et l'arrivée au pouvoir du roi Louis-Philippe, une révolte éclate à Lyon menée par des maîtres-ouvriers de la soie dans un contexte de libéralisation de l'économie. Les ouvriers sont rémunérés par des négociants à la pièce et en fonction des hausses et des baisses des prix. En 1831, l'activité industrielle continuant de diminuer, les salaires sont au plus bas.

26 octobre 1831	Fin octobre-début novembre 1831	20 novembre 1831	21-23 novembre 1831	Fin novembre-début décembre 1831
Établissement à Lyon d'un salaire (tarif) minimum conclu entre le préfet (représentant du roi Louis-Philippe), une majorité de négociants et les ouvriers.	104 négociants refusent d'appliquer ce tarif minimum.	Chefs d'atelier et ouvriers se réunissent et décident de cesser le travail le lendemain.	Cessation du travail et début des affrontements avec les forces de l'ordre. Suivent trois jours d'émeute où les ouvriers obligent les forces de l'ordre à quitter Lyon.	Reprise en main de la situation par le roi : annulation du tarif minimum et arrestation de 90 ouvriers.

Doc. 1 La révolte des canuts

Événements de Lyon, Combat du Pont Morand, novembre 1831, gravure sur cuivre, © Musée Gadagne, Lyon.

vidéo
La révolte des canuts - 1,16 min
foucherconnect.fr/20hgc002

Doc. 2 La révolte racontée par un canut

C'est le cœur navré et la tête couverte d'un crêpe pour le deuil de nos frères et de nos amis que nous allons rendre compte des événements qui se sont passés dans notre ville [...].
Les chefs d'ateliers et les ouvriers voyant que le tarif n'était qu'une clause illusoire, que beaucoup de négociants ne voulaient point le reconnaître, et humiliés par quelques-uns qui ne prévoyaient point toutes les conséquences d'une conduite quelquefois répréhensible, se rassemblèrent à la Croix-Rousse le dimanche 20 novembre pour aviser au moyen d'obtenir une sanction définitive du tarif. Ils décidèrent que dès le lundi matin tous les métiers cesseraient de travailler, et que les ouvriers descendraient pour réclamer auprès de l'autorité l'exécution des clauses stipulées par MM. les membres des commissions des négociants et des chefs d'atelier en présence de M. le préfet, de M. le maire, des membres de la chambre du commerce et du conseil des prud'hommes. La journée se passa ainsi assez tranquille, et personne ne prévoyait les scènes qui ont eu lieu.
Le lundi 21, dès le matin, quelques groupes s'étaient formés sur la place de la Croix-Rousse, ces groupes n'avaient aucun caractère hostile ; les ouvriers qui les composaient étaient sans armes et discutaient le moyen d'obtenir justice par la modération. Vers les dix heures un fort piquet de gardes nationaux de la 1re légion se présenta sur la place de la Croix-Rousse, et au lieu d'employer la persuasion pour dissiper les groupes, il voulut employer la force ; on résista : le piquet croisa la baïonnette, mais bientôt entouré et désarmé en partie, il fut forcé à la retraite, poursuivi à coups de pierres ; ce premier acte de la force armée exaspéra les ouvriers. Depuis longtemps ils étaient menacés, on leur disait (et nous ne parlons point ici de l'autorité) qu'on recevrait leurs demandes *à coups de fusil* [...]. Des gardes nationaux de la 1re légion, principalement des rues habitées par le commerce, s'étaient rassemblés dès le matin ; moins pacifiques que les ouvriers, ils s'étaient munis de cartouches et étaient décidés à les disperser par la force des armes. [...]
Dans cette première décharge huit ouvriers furent grièvement blessés ; ainsi surpris sans défense ils remontèrent la Grande-Côte en toute hâte et portèrent l'alarme dans la ville de la Croix-Rousse ; des cris *aux armes* ! se firent aussitôt entendre de toutes parts ; la population presque entière s'arma, on ne pensa qu'à la défense ; des barricades furent élevées sur tous les points, et les ouvriers qui dans l'imprévoyance de tels événements n'avaient songé à se procurer ni armes ni munitions, ne durent plus que se dévouer à la mort comme leurs frères.

echo-fabrique.ens-lyon.fr, BM de Lyon, cote 5707.

1 Doc. 1 **Quel moment de la révolte des canuts est illustré par ce document ? Appuyez-vous sur la chronologie.**

....

....

2 Doc. 2 **Pourquoi les ouvriers lyonnais de la soie (canuts) se sont-ils révoltés en 1831 ? Cochez la ou les bonnes réponses.**

- ☐ Ils veulent obtenir une diminution du temps de travail.
- ☐ Une partie des négociants ne veut pas appliquer un tarif minimum pour payer les canuts.
- ☐ Les canuts se révoltent contre leur vie misérable et le mépris des négociants.

3 Doc. 2 **D'après ce document, quelle action des canuts a été menée en premier lieu le lundi 21 ?**

....

....

4 Doc. 2 **Quels termes montrent qu'il existe un sentiment de solidarité entre les ouvriers ?**

....

....

5 Doc. 1 et 2 **Comment les autorités ont-elles réagi aux revendications des ouvriers entre octobre et décembre 1831 ?**

....

....

....

....

....

....

2 La reconnaissance des revendications ouvrières

Doc. 1 Manifestation d'ouvriers dans l'est de la France au début du xxe siècle

1905 ou 1906, grève des mineurs et métallurgistes à Saulnes (Meurthe-et-Moselle), parade des grévistes.

Doc. 2 Extrait de la loi Waldeck-Rousseau

Article 2
Les syndicats ou associations professionnelles, même de plus de 20 personnes exerçant la même profession, des métiers similaires, ou des professions connexes concourant à l'établissement de produits déterminés, pourront se constituer librement sans l'autorisation du gouvernement.

Article 3
Les syndicats professionnels ont exclusivement pour objet l'étude et la défense des intérêts économiques, industriels, commerciaux et agricoles.

Doc. 3 Extrait de la loi Le Chapelier

Article 2
Les citoyens d'un même état ou profession, les entrepreneurs, ceux qui ont boutique ouverte, les ouvriers et compagnons d'un art quelconque ne pourront, lorsqu'ils se trouveront ensemble, se nommer ni président, ni secrétaires, ni syndics, tenir des registres, prendre des arrêtés ou délibérations, former des règlements sur leurs prétendus intérêts communs.

1 Doc. 1 D'après ce document, qu'est-ce qui montre que la grève est devenue un droit pour les ouvriers au début du xxe siècle ?

....

....

2 Doc. 1, 2 et 3 Complétez le tableau suivant en associant chaque loi à un document.

Nom de la loi	.... de 1791	Loi Ollivier de 1864	.... de 1884
Définition	Interdiction de se réunir pour discuter d'intérêts professionnels communs	Reconnaissance du droit de grève	Liberté de se réunir en syndicat
Document	....	....	....

Doc. 4 Élection du gouvernement du Front populaire

 # vidéo
Le Front populaire - 2,29 min
foucherconnect.fr/20hgc003

Couverture du magazine *Regards*, n° 131, du 16 juillet 1936. En mai 1936, le Front populaire est élu et accède au pouvoir politique. C'est un gouvernement dirigé par Léon Blum (au premier plan au centre de l'image) qui soutient les revendications des ouvriers et de leurs syndicats. Il mettra notamment en place deux semaines de congés payés, de meilleurs salaires et une diminution du temps de travail.

3 Doc. 1, 2 et 4 **Que montrent ces documents ? Cochez la bonne réponse et justifiez.**

❑ Les ouvriers sont de plus en plus réprimés.

❑ Les revendications des ouvriers sont de plus en plus prises en compte par les pouvoirs politiques.

....
....
....
....
....
....
....
....

Je fais le point sur... La conquête de droits sociaux

→ ***Complétez la frise chronologique suivante.***

1791 : Loi interdisant .... la réunion de groupes pour discuter de revendications professionnelles.

1831 : Révolte des .... à Lyon.

1864 : Reconnaissance du droit de ....

1884 : Loi Waldeck-Rousseau : reconnaissance pour les employés du secteur privé du droit de se réunir en ....

1936 : Victoire du .... dirigé par .... soutenu par les .... d'ouvriers. Principales avancées sociales : ....
....
....
....
....

ÉTUDE 3

Une société qui se transforme

CAPACITÉS
- **Questionner** un ou des documents pour conduire une analyse historique.
- **Identifier** les notions dans une ou plusieurs situations.
- **Contextualiser** une œuvre mettant en scène des femmes au travail pour conduire une analyse historique.
- **Situer** un acteur dans un contexte pour préciser son rôle.

Sous l'effet des transformations de l'économie française et de la conquête de nouveaux droits, la société française change profondément. Quels sont ces changements ?

1 Des structures sociales qui se modifient

Doc. 1 L'urbanisation de la France

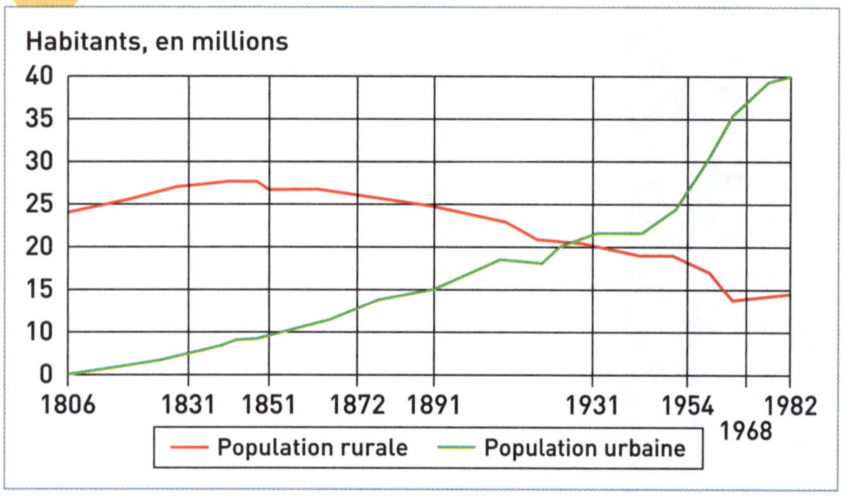

Doc. 2 Structure de la population active française au cours des XIXe et XXe siècles

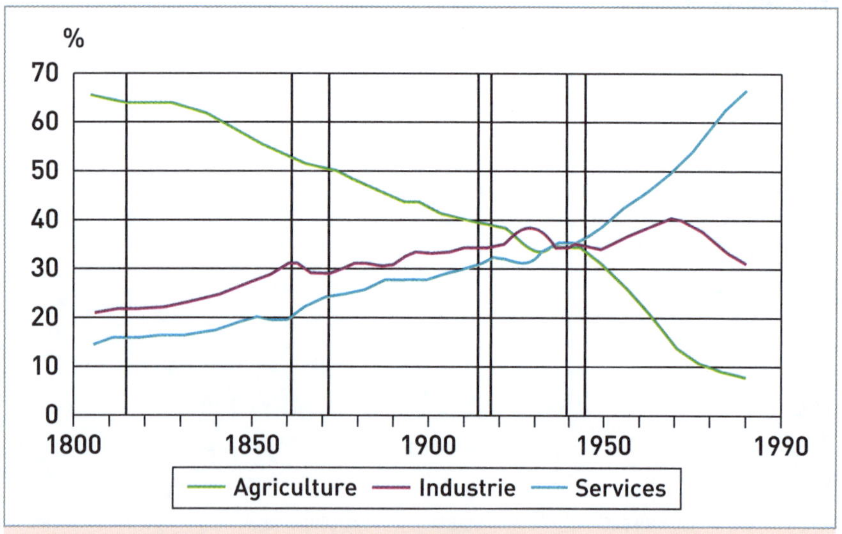

Les traits verticaux correspondent aux changements de territoire et aux guerres.

1 Doc. 1 Quand le nombre de personnes qui habitent en ville dépasse-t-il le nombre de personnes habitant dans les campagnes ?

....

....

2 Doc. 1 Comment appelle-t-on le phénomène en partie responsable de cette évolution ? Cochez la bonne réponse.

- ☐ Les migrations urbaines
- ☐ L'exil rural
- ☐ L'exode rural

3 Doc. 2 Comment évolue la structure de la population active de 1800 à 1950 ?

....

....

....

....

....

....

....

....

....

....

 # vidéo
L'exode rural au milieu du XXe siècle - 2,44 min
foucherconnect.fr/20hgc004

Doc. 3 Une du journal *Le Populaire* (septembre 1945)

En 1944, les femmes deviennent électrices et éligibles et peuvent en principe participer ainsi pleinement à la vie politique. Le parti socialiste SFIO est un parti politique.

4 Doc. 3 **Quels sont les métiers exercés par les femmes représentés sur cette affiche ?**

....

....

....

....

....

....

....

5 Doc. 3 **Quelle évolution sociale cette affiche montre-t-elle ?**

....

....

....

....

....

....

....

....

....

6 Doc. 1, 2 et 3 **En vous aidant des précédents chapitres, comment pourriez-vous expliquer ces évolutions ? Complétez le texte en utilisant les termes suivants : *services, usines, urbaine, féminine, mécanise, rurale, industrie, ville.***

La population .... augmente car une partie de la population .... quitte les campagnes, où la vie est difficile, pour aller travailler en ...., où l'.................................. est en plein essor et où les .... ont besoin de main-d'œuvre.

En plus de cela, on observe que l'activité agricole se .... avec l'apparition de machines qui permettent de remplacer le travail d'employés agricoles.

On observe aussi que le secteur des .... est en plein essor et qu'il a donc besoin de main-d'œuvre, notamment ...., or ce secteur est essentiellement localisé dans les villes.

2 Une question sociale qui devient politique : l'éducation

Doc. 1 Le constat du docteur Villermé sur le travail des enfants dans les manufactures de textile en 1838

Pour mieux faire sentir combien est trop longue la journée des enfants dans les ateliers, rappellerai-je ici que l'usage et les règlements fixent pour tous les travaux, même pour ceux des forçats, la journée de présence à douze heures, que le temps de repos réduit à dix... Seize à dix-huit heures debout chaque jour, dont treize au moins dans une pièce fermée, sans presque changer de place ni d'attitude, ce n'est plus là un travail, une tâche, c'est une torture ; et on l'inflige à des enfants de six à huit ans, mal nourris, mal vêtus, obligés de parcourir dès cinq heures du matin la longue distance qui les sépare de leurs ateliers et qu'achève d'épuiser le soir leur retour de ces mêmes ateliers. Comment ces infortunés, qui peuvent à peine goûter quelques instants de sommeil résisteraient-ils à tant de misère et de fatigue ?

Extrait d'un article de la revue BT2 n° 172 du 15/01/1984 « Les enfants au travail dans les usines au XIXe », revue du Chantier BT2 de l'ICEM – pédagogie Freinet.

Doc. 2 Le temps de travail des ouvriers, mineurs et majeurs, d'après un manufacturier textile de Lille en 1837

Les longues journées sont de 15 heures pendant lesquelles le moteur doit travailler, mais là-dessus les ouvriers s'entendent pour prendre le temps nécessaire pour leurs trois repas et pour différents repos et malgré le soin que je prends pour faire travailler 15 heures, les produits calculés d'après la vitesse bien connue du moteur prouvent que les ouvriers actifs ne travaillent, terme moyen, que 72 heures par semaine.

Extrait d'un article de la revue BT2 n° 172 du 15/01/1984 « Les enfants au travail dans les usines au XIXe », revue du Chantier BT2 de l'ICEM – pédagogie Freinet.

1 Doc. 1 Quel âge avaient les plus jeunes enfants dans les usines textiles de France ?

....

2 Doc. 1 et 2 Combien d'heures par jour travaillaient les enfants dans ces manufactures ?

....

....

3 Doc. 1 et 2 Les deux auteurs ont-ils la même perception du travail des ouvriers ?

....

....

....

....

Doc. 3 Le personnel de la manufacture de coton d'Annecy en 1870

4 Doc. 3 D'après la photographie, que peut-on dire sur le travail des enfants dans cette manufacture en 1870 ?

....

....

....

....

....

....

....

Doc. 4 Discours de Jules Ferry, le 3 mai 1883

La visée suprême, le but final, la mission sociale de l'école moderne, c'est l'éducation de cette démocratie ouvrière qui n'est pas seulement la majorité du nombre, mais dont les vertus laborieuses font la force du pays (*Vive approbation*).[...]
Tous les nouveaux programmes reposent sur cette double idée : l'enseignement primaire, dans une démocratie, doit consister d'abord dans une éducation générale, sans laquelle il n'y a pas de spécialité durable, pas d'enseignement professionnel solide et sérieux (*Très bien ! très bien !*) ; et, en second lieu, dans une série d'exercices tendant à mettre l'enfant, par des initiations progressives et ménagées, en contact avec les réalités de la vie. Former dès l'enfance l'homme et le citoyen, préparer des ouvriers pour l'atelier, c'est notre tâche, et, si la génération actuelle a le temps de la remplir, elle pourra se coucher glorieuse dans sa tombe ! (*Double salve d'applaudissements*). [...]
Messieurs, l'enseignement professionnel qui sera donné ici aura pour caractère distinctif de ne point constituer un enseignement spécial pour une industrie quelconque : il sera professionnel sans spécialité ; il distribuera les principes généraux sur lesquels reposent toutes les industries ; il associera, par exemple, les notions qui président à l'industrie du fer à celles qui dirigent l'industrie du bois. Pendant les trois ans que les jeunes élèves de Vierzon passeront à l'école professionnelle, entre la douzième et la seizième année, ils deviendront sans peine – l'expérience en est faite, les programmes arrêtés, le temps d'études fixé dès à présent –, ils deviendront experts dans ces deux branches fondamentales du travail manuel, le travail du fer et le travail du bois. Et quelle sera la conséquence de cette éducation professionnelle générale, qui ne lui donnera pas encore un métier, mais qui le rendra capable d'apprendre beaucoup plus vite et beaucoup mieux celui qu'il lui plaira de choisir ?
Cette conséquence est double : d'abord, il est évident que la durée de l'apprentissage lui-même sera singulièrement réduite, ce qui est un avantage considérable et, en second lieu, pendant ces trois ans d'études, l'enfant aura le temps de faire ce qu'il ne peut pas aujourd'hui, de choisir librement et en connaissance de cause la carrière qui lui convient, de déterminer sa vocation.

www.samuelhuet.com/kairos/43-paid/melanges/744-jules-ferry-a-vierzon.html.

Jules Ferry, ministre de l'Instruction publique, prononce ce discours le 3 mai 1883, à l'occasion de la pose de la première pierre de l'école nationale professionnelle de Vierzon. Depuis 1881, sous l'impulsion de Jules Ferry, d'une part, tous les enfants de 6 à 13 ans doivent être scolarisés et, d'autre part, des écoles nationales professionnelles sont créées. Dans ces dernières, le temps d'études est de 42 à 44 heures par semaine.

5 Doc. 4 **Quel est le sujet de ce discours ? Cochez la bonne réponse.**

- ❑ L'école primaire obligatoire, gratuite et laïque
- ❑ L'enseignement primaire et l'enseignement professionnel
- ❑ L'enseignement professionnel

6 Doc. 1, 2, 3 et 4 **Quel objectif poursuit Jules Ferry à travers l'obligation scolaire et la création des écoles nationales professionnelles ? Appuyez-vous sur les phrases soulignées.**

....

....

....

....

Je fais le point sur... Une société qui se transforme

→ ***Complétez le schéma en utilisant les termes suivants :*** **industrialisation, exode rural, services, agriculture, scolarisation, urbain, féminisation des emplois, rural, industrie, artisanat.**

Au début du XIXe siècle, la France est un pays essentiellement .... où les habitants travaillent majoritairement dans l' .... et l' .... Peu d'enfants vont à l'école primaire et beaucoup travaillent dès leur plus jeune âge.

→ ....
....
....
....

Au milieu du XXe siècle, la France est un pays essentiellement .... où les habitants travaillent dans l' .... et les .... Tous les enfants sont obligatoirement scolarisés jusqu'à 14 ans et peuvent poursuivre des études notamment professionnelles.

DIFFÉRENCIATION

La condition féminine et le monde ouvrier à la fin du XIXe siècle

CHOISISSEZ LE PARCOURS QUI VOUS CONVIENT LE MIEUX

Doc. 1 Les combats d'Hubertine Auclert

Hubertine Auclert (1848-1914) est une femme française qui milita ardemment pour l'égalité juridique entre les hommes et les femmes à une époque où les hommes avaient acquis le droit de vote (1848) mais pas les femmes.
Hubertine Auclert militait également pour que les femmes puissent travailler comme les hommes et être indépendantes économiquement.

Tout travail devant être rétribué, quand la femme prend soin du ménage et des vêtements, elle a le droit de toucher la moitié du prix auquel est évalué ce travail. L'homme ne recevrait pas, gratuitement, de services d'une étrangère ; il n'est que juste qu'il indemnise pour sa part sa compagne de son labeur.
Peut-être trouverez-vous étrange que je fasse ces divisions entre hommes et femmes. C'est qu'avant tout, j'ai le souci de la dignité humaine. C'est que je crois qu'un homme estimera sa femme, qu'une femme cessera de se croire l'obligée de son mari, quand, au point de vue économique, tous deux seront réciproquement indépendants. C'est qu'enfin, au rebours de ce qui est socialement admis, je fais passer avant l'indépendance économique de l'homme, l'indépendance économique de la femme, parce que c'est à la femme qu'incombe naturellement la charge de l'enfant. Le mari peut oublier quelques fois ses devoirs de père ; il peut abandonner sa femme et ses enfants. L'amant se dérobe presque toujours aux charges de la paternité. La mère, attachée à son enfant, meurt parfois d'inanition en lui donnant sa dernière goutte de lait, sa dernière bouchée de pain.
Et quand la femme sur laquelle pèse une pareille responsabilité – la vie matérielle de l'enfant, quand la femme est admise dans une industrie[1] quelconque, l'homme proteste, l'homme se récrie :
– « Femme, tu vas prendre notre place. »
– « L'enfant et moi, nous mourrions de faim », dit la femme.
– « C'est à moi de te nourrir, toi et tes enfants. »
Je ne veux pas pousser plus loin le dialogue entre ces deux rivaux, la femme et l'homme, dans la lutte contre l'existence.
Je l'ai dit : je n'admets pas que l'homme doive seul pourvoir aux besoins de la famille. Toute femme qui, pouvant travailler, trouve plus commode de se faire loger et nourrir par son mari n'est, selon moi, qu'une femme entretenue.
Mais je vous demande à vous qui admettez cette hypothèse – la femme entretenue par son mari – qui nourrira la femme avant qu'elle ne soit pourvue d'un mari ? Qui nourrira la femme quand elle restera célibataire ? Qui nourrira la veuve et ses enfants ? Ah ! Je vous entends ! Dans la société future, les enfants seront à la charge de la commune ou de l'État. Mais en attendant que cette société soit mieux organisée, toutes ces catégories de femmes et d'enfants sans travail, ni pourvoyeur, ont faim et l'estomac ne se satisfait pas d'espérances.
Citoyens, je le constate avec tristesse, vous qui vous dites les forts, vous qui faites un jeu de l'existence de celles que vous appelez les faibles. Que vous soyez riches, que vous soyez pauvres, vous exploitez les femmes.

1. Travail.

Discours prononcé par Hubertine Auclert le 22 octobre 1879, au 3e congrès ouvrier, tenu à Marseille, devant 132 délégués et plusieurs centaines d'auditrices et d'auditeurs. L'assemblée est très majoritairement composée d'hommes.

PARCOURS **autonome**

→ **Précisez quelle place les femmes occupent dans le monde du travail d'après Hubertine Auclert.**
Voici une proposition d'organisation de la réponse : dans une première partie, vous pourrez présenter la vision traditionnelle du rôle de la femme, dans une deuxième partie, les revendications d'Hubertine Auclert.

....

....

....

....

....

....

....

....

....

PARCOURS **accompagné**

1 → **À qui s'adresse Hubertine Auclert dans ce discours ?**

....

2 → **Comment Hubertine Auclert décrit-elle la condition féminine ?**

....

....

....

3 → **Quelle est la principale revendication d'Hubertine Auclert dans cet extrait ? Cochez la bonne réponse.**

- ☐ Que les femmes aient les mêmes droits politiques que les hommes.
- ☐ Que les hommes participent davantage au travail domestique.
- ☐ Que les femmes puissent travailler librement et puissent toucher un salaire équivalent à celui des hommes.

4 → **Quels reproches Hubertine Auclert fait-elle aux hommes, qu'ils soient riches ou qu'ils soient pauvres ? Appuyez-vous sur les phrases soulignées.**

....

....

....

....

....

....

JE RETIENS

Hommes et femmes au travail en métropole et dans les colonies françaises (XIXe siècle – première moitié du XXe siècle)

Travailler au XIXe siècle et dans la première moitié du XXe siècle

• **Au début du XIXe, la France est un pays très majoritairement rural** dominé par l'**agriculture** et l'**artisanat**. Tout au long du XIXe cependant, une autre activité économique prend une place de plus en plus importante en France : l'industrie.

• **Peu à peu, l'économie se modernise sous l'influence du secteur industriel.** Les machines apparaissent dans les campagnes, les engrais également ; dans les usines, le travail à la chaîne permet de meilleurs rendements. L'artisanat lui aussi se transforme, certains métiers disparaissent. On parle alors d'**industrialisation** de la France.

• **Dans les colonies, si l'esclavage est définitivement aboli en 1848,** le travail forcé s'y substitue rapidement et ce, jusqu'à son abrogation en 1946. Les colonisés sont employés dans des **plantations**, de grandes exploitations forestières ou bien à la construction de grandes infrastructures.

La conquête des droits sociaux

• **Avec la place plus importante prise par l'industrie, naît un groupe social nouveau : les ouvriers.** Celui-ci prend peu à peu conscience de sa force et se révolte contre ses conditions de vie et de travail.

• **Cette puissance collective pousse les acteurs politiques** à s'intéresser à la **question sociale** et à légiférer : droit de grève reconnu en 1864, droit pour les salariés du secteur privé à se constituer en **syndicat** (1884), indemnisation des accidents du travail (1898), droit d'association (1901), assurances sociales (1928).

• **En 1936, le Front populaire est le premier gouvernement républicain à épouser aussi largement des revendications ouvrières.**

Une société qui se transforme

• **La transformation de l'économie induit une transformation sociale.** Ainsi, de plus en plus d'hommes et de femmes quittent les campagnes pour aller travailler en ville, dans les usines, comme domestiques, comme ouvrières à domicile, et quitter un monde paysan qui apparaît en retard : c'est l'**exode rural**. Autre phénomène majeur, la **féminisation des emplois** marque certains secteurs économiques : l'industrie dans une certaine mesure, mais surtout le secteur des services.

• **Enfin, la question de l'éducation et du travail des enfants traverse tout le XIXe siècle.** À la fin du siècle, Jules Ferry institue l'école publique laïque (1881) et obligatoire, officiellement jusqu'à 13 ans (1882). La question de la formation professionnelle fait l'objet de lois propres : création des premières écoles nationales professionnelles (1881) et loi Astier sur l'enseignement technique (1919).

mémo > AUDIO

foucherconnect.fr/20hgc005

Mots-clés

- **Exode rural** : expression qui désigne le transfert durable de populations vivant en zones rurales vers des zones urbaines.
- **Industrialisation** : transformation de la société grâce à l'influence d'un nouveau secteur économique : l'industrie.
- **Question sociale** : ensemble de réflexions menées pour améliorer les conditions d'existence d'une population.

Reliez chaque notion ou mot-clé à sa définition.

- **Usine** ●
- **Artisanat** ●
- **Syndicat** ●

- ● Bâtiment qui abrite les moyens de production industrielle
- ● Groupement de personnes ayant pour objet la défense d'intérêts communs
- ● Secteur d'activité économique où l'essentiel de la production est réalisé dans un atelier avec une main-d'œuvre peu nombreuse

Mémoriser – reformuler : *Testez vos camarades !*

Rédigez, à partir de votre cours et de vos connaissances sur le thème, une ou deux questions sur les repères et/ou notions du thème d'histoire en proposant quatre réponses possibles.
Exemple : ***En quelle année le droit de grève est-il reconnu en France ?***

❑ 1844 ❑ 1864 ❑ 1882 ❑ 1936

Complétez le schéma en vous aidant des informations contenues dans le thème.

Travailler en France au XIXe et dans la première moitié du XXe siècle

Des activités économiques traditionnelles

.... occupe la majorité de la population qui vit alors principalement dans les campagnes.

.... est une activité que l'on trouve dans les campagnes comme dans les villes.

Des activités économiques en forte croissance

Activité économique émergente et puissante, ... fait naître un nouveau groupe social : les ouvriers.

Le secteur des services se développe principalement dans les villes et attire majoritairement une population féminine.

Une société française qui se transforme

Une transformation ....

Alors que depuis le début de son histoire, la France est un pays largement rural, elle devient de plus en plus urbaine sous l'effet de ....

C'est dans les années 1920 que les Françaises et les Français deviennent majoritairement urbains. Parallèlement, les femmes sont de plus en plus nombreuses à accéder aux emplois salariés.

....

Ce que l'on nomme l'industrialisation de la société française, c'est en particulier l'influence majeure qu'exerce l'industrie sur le travail en général :
....
....
....
....

....

De nouveaux droits sociaux sont acquis grâce aux luttes du monde ouvrier, par exemple le droit pour les salariés du secteur privé de se syndiquer en .... La puissance politique encadre davantage l'éducation des enfants, notamment à partir de 1881, sous l'impulsion de ....

Lien avec l'objet d'étude
- Créer, fabriquer : l'invention et l'imaginaire

Plongée dans l'histoire d'un métier

Doc. 1 La naissance de la pêche Melba d'après son créateur, Auguste Escoffier

L'histoire de la pêche Melba d'Auguste Escoffier

Madame Nellie Melba, grande cantatrice de nationalité australienne, chantait à Covent Garden à Londres avec Jean de Reszke en 1894. Elle habitait le Savoy Hotel près de Covent Garden, époque où je dirigeais les cuisines de cet important établissement. Un soir où l'on donnait *Lohengrin*, Madame Melba m'offrit deux fauteuils d'orchestre. On sait que, dans cet opéra, il apparaît un cygne. Madame Melba donnait le lendemain soir un petit souper à quelques intimes dont monseigneur le duc d'Orléans était parmi les convives. Et pour lui montrer que j'avais agréablement profité des fauteuils qu'elle m'a gracieusement offerts, je fis tailler dans un bloc de glace un superbe cygne et, entre les deux ailes, [je mis] une timbale en argent. Je couvris le fond de la timbale de glace à la vanille et, sur ce lit de fine glace, je disposai des pêches à chair blanche et tendre [...] pochées pendant quelques minutes dans un sirop à la vanille et refroidies. Une purée de framboises fraîches couvrait complètement les pêches. Un léger voile en sucre filé [recouvrait] les pêches. [...]

Catherine Lasser, *Académie du goût*, 4 septembre 2014.

Doc. 2 La pêche Melba revisitée par le chef Alain Ducasse

Ici la pêche est représentée par deux demi-sphères de sorbet déposées sur un lit de groseilles.

Doc. 3 La jeunesse d'Auguste Escoffier

Auguste Escoffier est né le 28 octobre 1846 à Villeneuve-Loubet dans la maison familiale, au pied du château du marquis de Panisse-Passis qui régnait sur le village.

Son grand-père, Augustin, après avoir fait son tour de France comme compagnon forgeron, fut ensuite blessé à la fin du Premier Empire (il était grenadier de la Garde), avant de revenir à Villeneuve-Loubet et de s'y installer comme maréchal-ferrant. Il se maria et eut cinq garçons et une fille.

Son père s'appelait Jean-Baptiste ; sa mère Madeleine, née Civatte.

Jean-Baptiste devint forgeron.

Dans ses *Souvenirs inédits*, Auguste Escoffier estime qu'il n'avait pas « *le culte sacré de la cuisine* » : il rêvait de devenir sculpteur. Il satisfera en partie ce rêve en sculptant plus tard des fleurs en cire, objet de son premier ouvrage publié en 1885.

Mais, ajoute-t-il, « *je n'y étais pas pour autant indifférent* ». Il observait sa grand-mère, « *véritable cordon-bleu* » qui régalait la famille et dont il conserva les recettes, les utilisant ensuite tout au long de sa carrière.

Escoffier situe ses premiers essais de cuisine en 1856, quand il avait 10 ans. En se préparant en douce du café (rare à l'époque). Lorsqu'il raconta son expérience, il se fit gronder mais sa grand-mère lui dit tout bas, en l'embrassant : « *Tu feras un bon cuisinier.* »

Il allait aussi garder la maison de son grand-père, y entretenait le feu et se faisait griller des tranches de pain qu'il recouvrait, chaudes, d'un fromage fort appelé brousse. Il les savourait « *religieusement* » dit-il, avec un demi-verre de vin sucré.

Il a alors 13 ans, il vient de faire sa première communion. En octobre 1859, contraint et forcé (« *On me dit que je devais être cuisinier... Il ne me restait plus qu'à obéir* »), il entre comme apprenti chez son oncle François, le cuisinier qui, trois ans avant, avait fondé à Nice le « Restaurant Français », situé d'abord rue Paradis, puis 7 quai Masséna. Il galère mais, très vite, il prend conscience de l'importance de la cuisine et se jure de travailler et de sortir de l'ornière domestique dans laquelle étaient alors les cuisiniers. Son but : devenir chef de cuisine.

Au bout de six mois de cet apprentissage, il réfléchit à la composition des menus, cherche des mots évocateurs pour formuler les plats. [...]

Au cours de ces trois années d'apprentissage, où son oncle ne lui épargne rien, il est aussi initié à toutes les tâches d'un restaurant : choix et achat des produits, service, etc. Infatigable, il profite de ses rares temps libres pour aider un voisin, grand confiseur et pâtissier. Il apprend aussi le confisage des fruits.

disciples-escoffier.com

1 Imaginez les réponses à l'interview suivante en vous appuyant sur les trois documents.

L'interview posthume d'Auguste Escoffier

> Bonjour M. Escoffier, avez-vous toujours rêvé de devenir chef cuisinier ?

....

....

....

....

....

> Comment avez-vous appris le métier ?

....

....

....

....

....

....

> Vous avez inventé un dessert qui s'appelle la pêche Melba. Pouvez-vous nous raconter comment vous est venue l'idée de ce dessert ?

....

....

....

....

....

....

....

> Savez-vous si vous avez inspiré d'autres grands chefs cuisiniers ?

....

....

....

Histoires de votre secteur professionnel

2 Choisissez une des deux activités ci-dessous pour traiter de l'histoire du secteur professionnel dans lequel vous effectuez votre formation. Ces activités peuvent être réalisées individuellement ou en groupe.

Interview d'un acteur de votre secteur professionnel	Histoire de votre secteur professionnel
Vous pouvez vous inspirer des trois premières questions en remplaçant la troisième par une question sur une anecdote ou un moment fort de la vie professionnelle de cet acteur.	À partir de recherches documentaires et de témoignages de professionnels, racontez l'histoire de votre secteur professionnel en insistant notamment sur quelques grandes transformations du métier.

Contextualiser une œuvre mettant en scène des femmes ou des hommes au travail

Le travail forcé dans les colonies françaises : l'exemple de la ligne de chemin de fer Congo-Océan

Entre 1921 et 1934, date d'ouverture de la ligne de chemin de fer reliant Brazzaville au Congo au port de Pointe-Noire, des dizaines de milliers de travailleurs forcés, en très grande majorité issus du continent africain, sont utilisés pour la construction de cette ligne longue de 511 km par l'administration de l'AEF (Afrique équatoriale française) et des compagnies françaises privées. La France possède alors le deuxième plus grand empire colonial du monde après le Royaume-Uni. Depuis 1848 et l'abolition de l'esclavage, la France a recours, comme d'autres pays colonisateurs, au **travail forcé** (travail obligatoire, normalement temporaire et faiblement rémunéré) avec l'appui de chefs locaux.

« Notre effort de pénétration par le chemin de fer se poursuit à travers l'Afrique. C'est ainsi que la ligne de Brazzaville à la mer va intensifier l'exploitation du Congo. Mais combien d'obstacles – nature du terrain, climat humide et chaud, difficultés de main-d'œuvre – les ingénieurs ne rencontrent-ils pas pour mener à bien cette œuvre civilisatrice ! »

Doc. 1 Dernière page du *Petit journal illustré* (6 juillet 1924)

ABONNEMENTS
Trois mois Six mois Un an
FRANCE & COLONIES
4 fr. 7 fr. 50 14 fr
UNION POSTALE
6 fr. 12 fr. 22 fr.

Le Petit Journal
illustré

PARAISSANT LE DIMANCHE
35e Année - No 1750
On s'abonne dans tous les bureaux de poste
Les Manuscrits ne sont pas rendus

Sous le soleil équatorial

Notre effort de pénétration par le chemin de fer se poursuit à travers l'Afrique. C'est ainsi que la ligne de Brazzaville à la mer va intensifier l'exploitation du Congo. Mais combien d'obstacles — nature du terrain, climat humide et chaud, difficultés de main-d'œuvre — les ingénieurs ne rencontrent-ils pas pour mener à bien cette œuvre civilisatrice !

1 Je comprends un message

1 Doc. 1 **Quelles sont les deux catégories de travailleurs présentés dans cette illustration ?**

....

....

2 Doc. 1 **La légende de l'illustration semble indiquer qu'une seule catégorie de travailleurs éprouve des difficultés dans son travail. Laquelle ?**

....

2 J'analyse des documents

3 Doc. 1 **Le travail est-il aidé par des machines comme en France métropolitaine à la même époque ?**

....

....

Doc. 2 Rapport d'un inspecteur général de la santé en 1928

« Le détachement 51 avait été recruté dans la région de Makoua, Fort-Rousset et Ewo, avec 214 hommes ; 199 sont arrivés à Brazzaville par voie de terre le 25 novembre 1927 ayant eu 8 décédés en cours de route, un déserteur, 6 traînards qui ont rejoint ultérieurement. À Brazzaville, 74 sont décédés, 5 ont été hospitalisés, 13 ont déserté et 41 inaptes ont été rapatriés ; 66 sont partis pour le Congo-Océan le 22 décembre, 7 sont décédés sur la ligne d'étape ou peu après leur arrivée. »

« Notes sur la construction du chemin de fer Congo-Océan (1921-1934) », *Cahiers d'études africaines*, École pratique des hautes études, Sorbonne, 1967.

Doc. 3 Discours de Félix Houphouët-Boigny

Député de Côte-d'Ivoire, Félix Houphouët-Boigny prononça ce discours le 5 avril 1946 devant l'Assemblée nationale constituante à Paris.

« Le défenseur que je suis de ceux qui gémissent par milliers sur les routes, devant des gardes porteurs de chicotes*, sur les plantations ou dans les coupes de bois, arrachés à leur foyer, à leur propriété, regrette de ne pouvoir trouver les mots justes pour dépeindre comme il convient la souffrance, la grande souffrance de cette multitude qui attend, depuis des années, l'abolition de cet esclavage déguisé qu'est le travail forcé. »

*Fouet à lanière tressée.

4 Doc. 1 et 2 Que peut-on dire des conditions d'acheminement et de travail des ouvriers sur le chantier de la ligne Congo-Océan ?

5 Doc. 1 et 2 Le journal comme le rapport de l'inspecteur général de la santé semblent-ils s'émouvoir du sort réservé à ces ouvriers recrutés de force ?

6 Doc. 3 D'après le député, dans quels autres secteurs de production le travail forcé était-il utilisé ?

7 Doc. 1, 2 et 3 Pourquoi Félix Houphouët-Boigny parle-t-il d'un esclavage déguisé pour évoquer le travail forcé ?

Chronologie de l'esclavage et du travail forcé

- 1685 : Code noir
- 1794 : 1re abolition de l'esclavage
- 1802 : Rétablissement de l'esclavage par Napoléon
- 1848 : 2e abolition de l'esclavage
- 1853 : Établissement du travail forcé dans les colonies
- 1946 : Abolition du travail forcé

8 Doc. 1 En conclusion, que nous apprend cette illustration sur les rapports que pouvait entretenir la France avec ses colonies durant l'entre-deux-guerres ?

 # vidéo
L'inauguration de la ligne Congo-Océan vue par *les actualités françaises* de 1934 - 0,54 min
foucherconnect.fr/20hgc006

Le travail à travers les chansons

Le travail a toujours été source d'inspiration pour les chansonniers et les poètes. Qu'ils en louent les vertus ou qu'ils en dénoncent les abus, les auteurs mettent en avant la dimension humaine du travail. Ces chansons deviennent, avec le temps, de véritables documents historiques qui témoignent d'une époque.

Doc. 1 *Le Chant des ouvriers*

Nous dont la lampe, le matin,
Au clairon du coq se rallume ;
Nous tous qu'un salaire incertain
Ramène avant l'aube à l'enclume ;
Nous qui des bras, des pieds, des mains,
De tout le corps luttons sans cesse,
Sans abriter nos lendemains
Contre le froid de la vieillesse,

Aimons-nous, et quand nous pouvons
Nous unir pour boire à la ronde,
Que le canon se taise ou gronde,
Buvons
À l'indépendance du monde ! [...]

Quel fruit tirons-nous des labeurs
Qui courbent nos maigres échines ?
Où vont les flots de nos sueurs ?
Nous ne sommes que des machines.
Nos Babels montent jusqu'au ciel,
La terre nous doit ses merveilles :
Dès qu'elles ont fini le miel,
Le maître chasse les abeilles.

Aimons-nous, et quand nous pouvons
Nous unir pour boire à la ronde,
Que le canon se taise ou gronde,
Buvons
À l'indépendance du monde ! [...]

Mal vêtus, logés dans des trous,
Sous les combles, dans les décombres
Nous vivons avec les hiboux,
Et les larrons, amis des ombres [...]

Le chant des ouvriers de Pierre Dupond, 1846.

Doc. 2 *Les Canuts*

Pour chanter Veni Creator
Il faut une chasuble d'or
Pour chanter Veni Creator
Il faut avoir chasuble d'or
Nous en tissons pour vous, grands de l'église
Et nous, pauvres canuts, n'avons pas de chemise

C'est nous les canuts
Nous sommes tout nus

Pour gouverner, il faut avoir
Manteaux ou rubans en sautoir
Pour gouverner, il faut avoir
Manteaux ou rubans en sautoir
Nous en tissons pour vous grands de la terre
Et nous, pauvres canuts, sans drap on nous enterre

C'est nous les canuts
Nous sommes tout nus

Mais notre règne arrivera
Quand votre règne finira :
Mais notre règne arrivera
Quand votre règne finira :
Nous tisserons le linceul
du vieux monde,
Car on entend déjà
la révolte qui gronde

C'est nous les canuts
Nous n'irons plus nus

Les Canuts, Chanson d'Aristide Bruant (1851-1925), 1894, modifiée par Yves Montand au milieu du XXe siècle

Couverture de partition vers 1900.

#vidéo
Les Canuts interprété par le Cabaret Bruant - 2,29 min
foucherconnect.fr/20hgc007

1 Doc. 1 Quelle condition ouvrière décrit cette chanson ? Appuyez-vous sur les expressions soulignées.

....

....

2 Doc. 1 **Quelle signification accordez-vous au refrain ? Cochez la proposition qui vous semble correspondre.**

- ❑ Il faut se révolter contre le monde.
- ❑ Il faut s'unir pour supporter ces conditions de vie et être fort.
- ❑ Il faut souffrir chacun dans son coin.

3 Doc. 2 **Qui sont les canuts ?**

....

4 Doc. 1 et 2 **À quelle phrase soulignée dans le document 1 peut correspondre le refrain du document 2 ? Que signifient-ils ?**

....

....

....

....

....

5 Doc. 3 **Quel message porte cette chanson sur le monde paysan ? Cochez la combinaison de mots qui lui correspond.**

- ❑ Souffrance / Solitude / Désespoir
- ❑ Solitude / Misère / Espoir
- ❑ Solidarité / Misère / Espoir

Doc. 3 Chanson populaire de Lorraine recueillie au XIXe siècle

Ô, moi pauvre paysan lorrain
Que ma vie est dure !
Je ne sais plus quoi faire.
Ma maison est en train de s'effondrer.

J'ai trois chevaux qui ne valent rien.
Le premier dodeline de gauche à droite,
Le deuxième a seulement trois dents dans la bouche,
Le troisième est aveugle et fainéant.

J'ai une vache dont je n'ai que la moitié,
Le veau appartient déjà au boucher.
Je n'ai pas de paille ni de foin.
Les feuilles mortes de la forêt sont leur litière.

J'ai une charrette avec une échelle.
J'ai une charrue. Il manque une roue.
J'ai une herse avec seulement trois dents
Et je n'ai pas d'argent pour aller chez le charron.

Moi, pauvre paysan lorrain
Que ma vie est dure !
Ô Dieu ! Ô Dieu ! Plus jamais !
Si seulement j'étais au ciel !

6 Doc. 1, 2 et 3 **En quoi ces chansons sont-elles les témoins des rapports qu'ont entretenus les hommes et les femmes avec le travail ? Complétez le schéma ci-dessous en expliquant en quoi ces textes racontent la souffrance des travailleurs, leur espérance et leur solidarité.**

Le travail à travers les chansons

Souffrance	Espérance	Solidarité
....	....	....
....	....	....
....	....	....
....	....	....
....	....	....
....	....	....
....	....	....
....	....	....
....	....	....

J'ÉVALUE MES COMPÉTENCES...

Histoire THÈME 1

Hommes et femmes au travail en métropole et dans les colonies françaises (XIXe siècle-1re moitié du XXe siècle)

> À l'issue de l'étude du thème, je révise et je m'entraîne sur des capacités du programme.

CAPACITÉS MOBILISÉES

- Connaître les principales notions, les acteurs et les repères.
- Situer un document dans son contexte pour l'expliquer.
- Identifier et nommer les périodes historiques, les continuités et ruptures chronologiques.
- Questionner un document pour conduire une analyse historique.

Je mobilise les connaissances du thème

• Je construis une carte mentale autour de la notion d'industrialisation en employant *a minima* les termes suivants : *mécanisation, automobile, charbon, exode rural.* Vous pouvez utiliser des flèches ou des encadrés indiquant les causes et les conséquences.

Industrialisation

J'analyse un document et je le replace dans le contexte du thème

Doc. **Groupe de mineurs et de galibots* à la remontée de la mine (Denain, nord de la France, vers 1900)**

*Enfants employés aux travaux souterrains dans les mines du Nord et du Pas-de-Calais.

... VERS L'EXAMEN

1 Présentez et décrivez précisément le document.

2 Quelle difficulté sociale peut-on relever dans ce document ?

3 Replacez cette question sociale dans le contexte de l'industrialisation au XIXe siècle.

4 Expliquez pourquoi la nature du document permet de dire que ce qui nous choque aujourd'hui était admis à l'époque de production du document.

5 Expliquez comment les différents acteurs de la société ont répondu à cette question sociale.

> La réponse des ouvriers

> La réponse des hommes politiques et de la République

THÈME 2 Histoire

Guerres européennes, guerres mondiales, guerres totales (1914-1945)

Pendant la première moitié du XXe siècle, l'Europe et le monde ont connu un enchevêtrement de conflits : guerres entre États, affrontements violents, guerres de libération nationale, génocides… faisant de cette période un moment de violence extrême.
Comment les sociétés ont-elles traversé cette « ère des catastrophes » ?

Je DÉCOUVRE

Evgueni Khaldeï, *Le drapeau rouge sur le Reichstag*, Berlin, 2 mai 1945.

Expliquez l'événement dont témoigne cette photographie.

....

....

....

Précisez le moment historique qui se clôt à cette date.

....

....

Je me REPÈRE

Complétez la frise chronologique ci-dessous.

.... 1914-1918

.... 1939-1945

22 août 1914 : La bataille de Rossignol, jour le plus meurtrier de l'histoire de France

28 juin 1919 : Traité de Versailles

30 septembre 1938 : Accords de Munich

23 février 1945 : Lever de drapeau sur Iwo Jima, île japonaise

26 juin 1945 : 26 juin 1945 Création de l'ONU

Je COMPRENDS

1914-1945 : l'ère des catastrophes

« Les lampes s'éteignent sur l'Europe entière. Nous ne les reverrons pas se rallumer de notre vivant », déclara Edward Grey, secrétaire aux affaires étrangères de la Grande-Bretagne les yeux fixés sur Whitehall, alors que son pays et l'Allemagne venaient d'entrer en guerre. [...] Ce ne fut pas la fin de l'humanité, bien qu'il y eût des moments, au cours des 31 années de conflit mondial qui séparent la déclaration de guerre autrichienne à la Serbie le 28 juillet 1914, de la reddition sans condition du Japon, le 14 août 1945 – huit jours après l'explosion de la première bombe nucléaire – où la fin d'une proportion considérable de l'espèce humaine ne parut pas très éloignée.

[...] L'espèce humaine a survécu, mais le grand édifice de la civilisation du XIXe siècle s'était écroulé dans les flammes de la guerre mondiale, lorsque ses piliers se sont effondrés. On ne saurait comprendre le court XXe siècle sans cela. Ce fut un siècle marqué par la guerre, qui a vécu et pensé en termes de guerre mondiale, même lorsque les armes se taisaient et que les bombes n'explosaient pas. Son histoire, et plus précisément l'histoire de son épisode initial dans l'effondrement et la catastrophe, doit commencer par celle de 31 ans de guerre mondiale.

Eric J. Hobsbawm, *L'Âge des extrêmes : histoire du court XXe siècle 1914-1991*, Complexe éditeur, 1994.

1 Soulignez dans le texte les expressions qui montrent la gravité de la situation qui débute en 1914.

2 Expliquez comment l'historien Eric Hobsbawm envisage la période allant de 1914 à 1945.

....

....

....

3 Dites comment l'historien propose d'appeler cette période.

....

....

....

ÉTUDE 1

Des sociétés en guerre

CAPACITÉ
- **Identifier et nommer** les dates et acteurs des grands événements.
- **Analyser** une photographie.

Les guerres mondiales mobilisent toutes les ressources disponibles : humaines, économiques et politiques. Pourquoi peut-on dire qu'il s'agit de guerres totales engageant toute la société ?

1 Civils et militaires pendant la Grande Guerre

Doc. 1 La mobilisation

Louis Barthas, originaire d'un village de l'Aude, a fait toute la guerre comme caporal. Au front, il note tout ce qu'il voit et rédige à son retour son journal de guerre. Le journal commence le 2 août 1914.

« L'annonce de la mobilisation générale, à ma grande stupeur, souleva plus d'enthousiasme que de désolation : des gens inconscients semblaient fiers de vivre un temps où quelque chose de grand, de formidable allait se passer ; les moins emballés ne doutaient pas un instant d'une prompte et décisive victoire. [...] Le 4 août, troisième jour de la mobilisation, la moitié environ des hommes mobilisés du village s'embarqua à la gare, accompagné par la presque totalité de la population. Tout le monde montra un vrai ou un faux courage et il n'y eut que deux femmes aux nerfs fragiles qui s'évanouirent en voyant partir leur fils ou leur époux. [...] je partis pour Narbonne rejoindre le dépôt du 125e régiment territorial. [...] Une cohue de soldats emplissait Narbonne habillés moitié en civil, moitié en militaire, on ne savait plus où caser tout ce peuple accourant avec une exactitude qui déconcertait les autorités militaires elles-mêmes, s'attendant à compter les réfractaires, les déserteurs par centaines. Mais docilement tous s'empressaient de venir enchaîner leur liberté, se courber sous le joug militariste. »

Les carnets de guerre de Louis Barthas, tonnelier, 1914-1918, © Librairie François Maspéro, Éditions de la Découverte, 1978, 2013.

Doc. 2 Les combattants dans les tranchées

Soldats britanniques de la division d'infanterie *Highland Territorials* dans une tranchée, La Gorgue, France, août 1915.

1 Doc. 1 Soulignez le nom de ce moment de la guerre que décrit Louis Barthas.

2 Doc. 1 Déterminez l'état d'esprit de la population d'après lui.

....

....

3 Doc. 1 Expliquez la phrase soulignée et dites ce qu'elle révèle de la pensée de l'auteur.

....

....

4 Doc. 2 Décrivez la photo et expliquez pourquoi elle est emblématique de la Première Guerre mondiale.

....

....

....

Doc. 3 Des adolescents au combat

Les adolescents parfois s'engagent volontairement dans les armées.

Revue des troupes près de Zillebeke (Belgique) par le roi George V, juillet 1917.

Doc. 4 Les femmes à l'usine

La journaliste Marcelle Capy, féministe et libertaire, travaille quelques semaines incognito dans une usine de guerre. Elle témoigne :

« L'ouvrière, toujours debout, saisit l'obus, le porte sur l'appareil dont elle soulève la partie supérieure. L'engin en place, elle abaisse cette partie, vérifie les dimensions (c'est le but de l'opération), relève la cloche, prend l'obus et le dépose à gauche. Chaque obus pèse sept kilos. En temps de production normale, 2 500 obus passent en 11 heures entre ses mains. Comme elle doit soulever deux fois chaque engin, elle soupèse en un jour 35 000 kg. Au bout de 3/4 d'heure, je me suis avouée vaincue. J'ai vu ma compagne toute frêle, toute jeune, toute gentille dans son grand tablier noir, poursuivre sa besogne. Elle est à la cloche depuis un an. 900 000 obus sont passés entre ses doigts. Elle a donc soulevé un fardeau de 7 millions de kilos. Arrivée fraîche et forte à l'usine, elle a perdu ses belles couleurs et n'est plus qu'une mince fillette épuisée. Je la regarde avec stupeur et ces mots résonnent dans ma tête : 35 000 kg. »

Marcelle Capy, « La femme à l'usine », *La Voix des femmes*, 17 décembre 1917.

Doc. 5 Une demande d'incorporation

Cher Monsieur, quand vous lirez ces lignes, vous penserez que je suis stupide ou quelque chose d'approchant, mais je suis très sérieux. Mon meilleur ami a été tué près des tranchées au front, mon frère a été déclaré médicalement inapte par le West Kentis et mon père fabrique des obus à l'Arsenal. D'abord je veux et je sais que je *dois* venger mon ami, deuxièmement, je *dois* laver l'honneur de mon frère en prenant sa place, et troisièmement je *dois* continuer l'œuvre commencée par mon père. J'ai 12 ans et 3 mois, je mesure exactement 1,60 m [5 pieds et 3 pouces] et 84 cm [33 pouces] de tour de poitrine. Pourriez-vous s'il vous plaît faire votre possible pour m'obtenir une place de tambour ou de clairon dans n'importe quel régiment où il en faut, car je peux vous assurer que je ferai tout mon possible pour mon Dieu, mon roi et ma patrie.

Lettre du jeune Anglais H. J. Palmer à un officier de recrutement, 26 juin 1915, Imperial War Museum, cote 91/5/1.

5 Doc. 3 et 5 **Décrivez la photo et identifiez les motivations qui expliquent la demande de H. J. Palmer.**

....

....

....

....

6 Doc. 4 **Expliquez le contexte historique du travail décrit par la journaliste Marcelle Capy.**

....

....

....

7 Doc. 1 à 5 **Expliquez pourquoi on peut dire que la guerre touche toute la société.**

....

....

....

....

2 Vivre et s'engager pendant la Seconde Guerre mondiale

Doc. 1 La France libre

#audio
Charles de Gaulle – Extrait du discours du 29 août 1940 à Londres
- 2,06 min
foucherconnect.fr/20hgc008

Par son appel du 18 juin 1940 prononcé à Londres, le général de Gaulle fonde la France libre, un régime de résistance extérieure. Il assoit sa légitimité politique et militaire sur les colonies d'Afrique centrale. Brazzaville devient de 1940 à 1943 la capitale de la France libre.

« Hier, 28 août, à Brazzaville, capitale de l'Afrique équatoriale française, mon représentant, acclamé par toute la population et obéi par toutes les troupes, a pris en main les pouvoirs civils et militaires.
Ainsi, menacé par les convoitises de l'ennemi allemand et italien, et placé par l'abominable armistice dans une situation économique sans issue, tout l'ensemble des colonies de notre Afrique équatoriale est rentré dans la guerre. Cette vaste et vaillante partie des terres françaises a décidé de se défendre et sera défendue. Sans aucun doute d'autres parties vont prendre le même chemin. L'Empire français se lève pour faire la guerre.
Dans cette guerre mondiale et totale, dans cette guerre où tout compte, l'Empire français est un faisceau de forces capital. Par la situation géographique et stratégique, par la nombreuse population, par les vastes ressources de ses colonies, il reste à la France de très importants atouts dans cette lutte où se joue son destin. [...] Nous ne périrons pas, nous sortirons de là, nous gagnerons la guerre. France, France nouvelle, grande France, en avant ! »

Extrait du discours radiophonique de Charles de Gaulle, Londres, 29 août 1940.

Doc. 2 L'engagement dans la collaboration

Le SOL (service d'ordre légionnaire) prône la collaboration avec l'occupant.

Affiche de la Légion française des combattants et des volontaires de la révolution nationale, 80 × 60 cm, imprimée à Nice, 1942.

1 Doc. 1 Rappelez la situation de la France à l'été 1940.

....

....

....

....

....

2 Doc. 1 Expliquez la position du général de Gaulle et le rôle qu'il veut faire jouer aux colonies françaises d'Afrique.

....

....

....

3 Doc. 2 Présentez l'auteur, la nature et la visée du document.

....

....

....

4 Doc. 1 et 2 Ces deux documents témoignent d'engagements de Français dans la guerre. Comparez-les et montrez qu'ils sont opposés.

....

....

....

....

....

Doc. 3 L'engagement dans la résistance

Dès 1940, des femmes et des hommes décident de s'engager dans la lutte contre la collaboration. Des réseaux de résistance s'organisent. Le réseau du musée de l'Homme, à Paris, publie à partir de fin 1940 un journal clandestin.

RÉSISTANCE

BULLETIN OFFICIEL DU COMITE NATIONAL DE SALUT PUBLIC
n.1 15 décembre 1940

Résister! C'est le cri qui sort de votre coeur à tous, dans la détresse où vous a laissés le désastre de la Patrie. C'est le cri de vous tous qui ne vous résignez pas, de vous tous qui voulez faire votre devoir.

Mais vous vous sentez isolés et désarmés, et dans le chaos des idées, des opinions et des systèmes, vous cherchez où est votre devoir. Résister, c'est déjà garder son coeur et son cerveau. Mais c'est surtout agir, faire quelque chose qui se traduise en faits positifs, en actes raisonnés et utiles. Beaucoup ont essayé, et souvent se sont découragés en se voyant impuissants. D'autres se sont groupés. Mais souvent leurs groupes se sont trouvés à leur tour isolés et impuissants.

Patiemment, difficilement, nous les avons cherchés et réunis. Ils sont déjà nombreux (plus d'une armée pour Paris seulement), les hommes ardents et résolus qui ont compris que l'organisation de leur effort était nécessaire, et qu'il leur fallait une méthode, une discipline, des chefs.

La méthode? Vous grouper dans vos foyers avec ceux que vous connaissez. Ceux que vous désignerez seront vos chefs. Vos chefs trouveront des hommes éprouvés qui orienteront leurs activités, et qui nous en rendront compte par différents échelons. Notre Comité, pour coordonner vos efforts avec ceux de la France non occupée et ceux qui combattent avec nos Alliés, commandera. Votre tâche immédiate est de vous organiser pour que vous puissiez, au jour où vous en recevrez l'ordre, reprendre le combat. Enrôlez avec discernement les hommes résolus, et encadrez les des meilleurs. Réconfortez et décidez ceux qui doutent ou qui n'osent plus espérer. Recherchez et surveillez ceux qui ont renié la Patrie et qui la trahissent. Chaque jour réunissez et transmettez les informations et les observations utiles pour vos chefs. Pratiquez une discipline inflexible, une prudence constante, une discrétion absolue. Méfiez-vous des inconséquents, des bavards, des traîtres. Ne vous vantez jamais, ne vous confiez pas. Efforcez vous de faire face à vos besoins propres. Nous vous donnerons plus tard des moyens d'action que nous travaillons à rassembler.

En acceptant d'être vos chefs, nous avons fait le serment de tout sacrifier à cette mission, avec dureté, impitoyablement.

Inconnus les uns des autres hier, et dont aucun n'a jamais participé aux querelles des partis d'autrefois aux Assemblées ni aux Gouvernements, indépendants, Français seulement, choisis pour l'action que nous promettons nous n'avons qu'une ambition, qu'une passion, qu'une volonté: faire renaître une France pure et libre.

LE COMITE NATIONAL DE SALUT PUBLIC.

Résistance, *Bulletin du Comité national de salut public*, n° 1, 15 décembre 1940.

5 Doc. 3 **Précisez la méthode d'organisation de la résistance qui est préconisée dans le document.**

– Comment s'organiser ?

....

....

....

....

....

– Pourquoi ?

....

....

....

....

....

– À quoi faut-il faire attention ?

....

....

....

....

....

Je fais le point sur... Des engagements variés qui concernent toute la société

→ ***Complétez la synthèse suivante.***

Les guerres mondiales

Touchent → civils et militaires → qui s'engagent

- ....
- ....
- ....

- ....
- ....
- ....

ÉTUDE 2

Les violences de guerre

CAPACITÉS
- **Situer des événements** dans leur contexte pour les expliquer.
- **Confronter le savoir acquis** avec ce qui est lu, vu, entendu.

Plus que jamais, les guerres mondiales ont été d'une extrême violence, provoquant des dizaines de millions de morts et de considérables destructions. Comment la banalisation des pratiques de violence extrême marque-t-elle les conflits et les sociétés ?

1 La violence des combats

Doc. 1 Le bilan des pertes militaires de la Grande Guerre

La guerre de 1914-1918 a marqué les mémoires par l'ampleur des pertes.

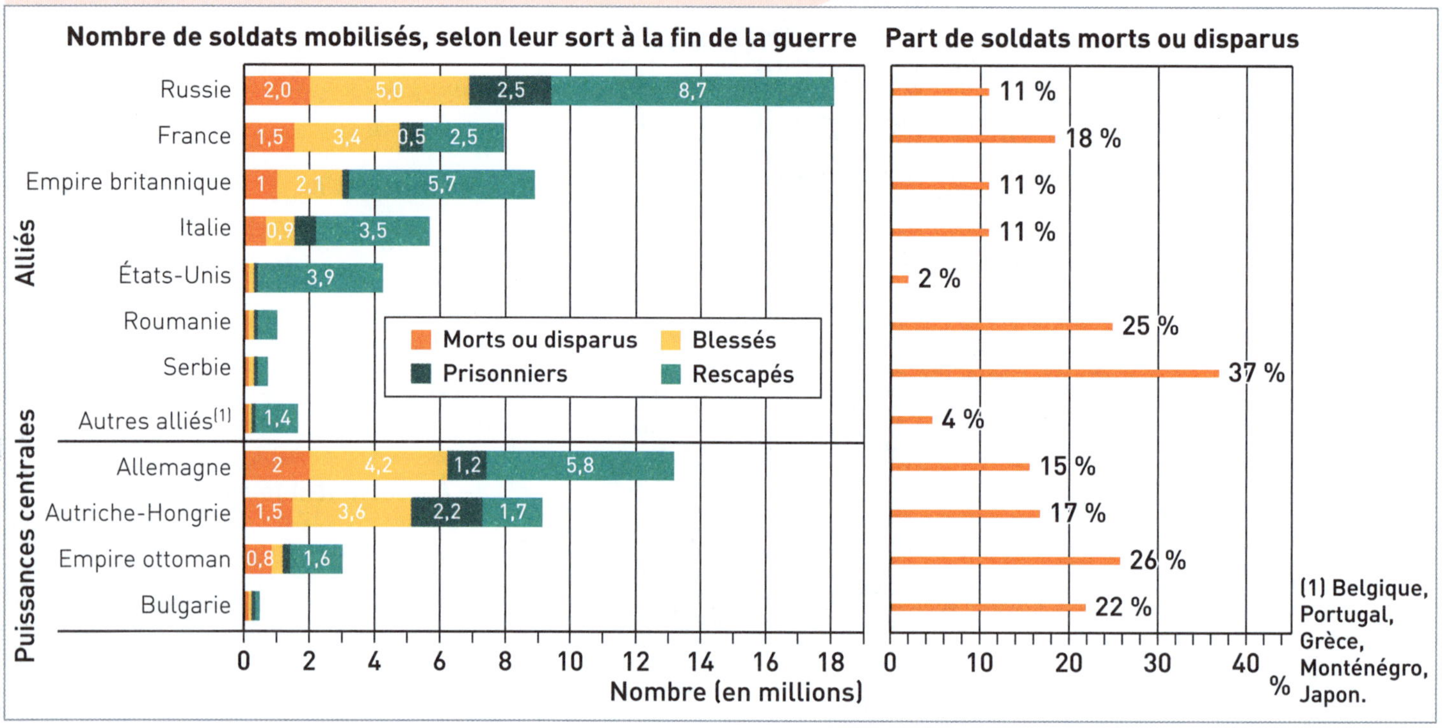

F. Héran, *Population et Sociétés*, n° 510, Ined, avril 2014.

Doc. 2 La ville de Dresde réduite en cendres (13-15 févier 1945)

La ville allemande de Dresde a presque été entièrement détruite par un bombardement anglais et américain.

1 Doc. 1 Analysez les données et précisez quels pays ont enregistré les plus lourdes pertes militaires.

données	1	2	3
Nombre de soldats morts en millions	....	....	....
% de soldats morts	....	....	....

2 Doc. 2 Décrivez la photographie et expliquez les conséquences de ces bombardements.

....

....

....

....

Doc. 3 Les bombardements nucléaires au Japon (août 1945)

Les 6 et 9 août 1945, les villes d'Hiroshima et de Nagasaki sont détruites par des bombes nucléaires larguées par les forces américaines. 120 000 personnes périrent à Hiroshima, 70 000 à Nagasaki. Setsuko Thurlow avait 13 ans lorsque les États-Unis ont largué la première bombe atomique sur sa ville, Hiroshima, le 6 août 1945. Elle en témoigne le dimanche 10 décembre 2017 à l'occasion de la cérémonie de remise du prix Nobel de la paix à des militants antinucléaires.

« Je me souviens encore vivement de ce matin-là. À 8 h 15, j'ai vu de la fenêtre un éclair blanc-bleuté aveuglant. Je me rappelle avoir eu la sensation de flotter dans l'air.

J'ai repris conscience dans le silence et les ténèbres, je me suis retrouvée coincée par le bâtiment effondré. J'ai commencé à entendre les faibles cris de mes camarades de classe : “Mère, aide-moi. Dieu, aide-moi”.

La plupart de mes camarades de classe sont morts brûlés vifs

Puis, soudain, j'ai senti des mains toucher mon épaule gauche et j'ai entendu un homme dire : “N'abandonne pas ! Continue à pousser ! J'essaie de te libérer. Tu vois la lumière à travers cette ouverture ? Rampe dans cette direction aussi vite que tu peux.” Alors que je rampais, les ruines étaient en feu. La plupart de mes camarades de classe dans ce bâtiment sont morts brûlés vifs. J'ai vu une dévastation extrême, inimaginable tout autour de moi.

Des personnes atrocement blessées, elles saignaient, brûlées, noircies et gonflées. Des parties de leur corps manquaient. [...] Certains tenaient leurs globes oculaires dans leurs mains.

Avec une bombe, ma ville bien-aimée avait ainsi été effacée. La plupart de ses habitants étaient des civils qui avaient été calcinés, pulvérisés, carbonisés. Parmi eux, des membres de ma propre famille et 351 de mes camarades de classe. »

AFP, « Nobel de la paix : le témoignage bouleversant d'une survivante d'Hiroshima », 10 décembre 2017.

 # vidéo
1945, La bombe atomique, Hiroshima, Nagasaki - 2,33 min
foucherconnect.fr/20hgc009

Doc. 4 L'Amérique et la « nouvelle arme »

Aboutissement d'un long et chaotique processus, l'emploi de la nouvelle arme décidé à l'échelon politique suprême devait surtout pour Truman, favoriser une victoire américaine décisive et renforcer la position des États-Unis face à l'URSS tout en justifiant les dépenses abyssales – près de deux milliards de l'époque – que le projet Manhattan avait entrainées. Sans doute satisfaisait-il aussi le puissant désir de revanche d'une population américaine alors en proie à un racisme exacerbé vis-à-vis de l'ennemi japonais.

Pierre Journoud, 1937-1947, *La guerre-monde T1*, sous la direction de Alya Aglan et Robert Frank, Collection Folio histoire (n° 244), © Éditions Gallimard, 2015.

3 Doc. 3 et 4 **Expliquez l'événement relaté en le contextualisant.**

....

....

....

....

4 Doc. 2 et 3 **Dites qui sont les personnes touchées lors de ces bombardements.**

....

....

....

5 Doc. 1 à 4 **Rédigez un court texte présentant la violence des combats sur les militaires et les civils pendant les guerres mondiales.**

....

....

....

....

....

2 Massacres et pratiques génocidaires

Doc. 1 Victimes des crimes nazis

En représailles de l'assassinat de Reinhard Heydrich, protecteur du Reich en Bohême-Moravie, le village de Lidice, en Tchécoslovaquie, est rasé le 10 juin 1942. Les 300 habitants du village (dont 105 enfants) sont assassinés ou déportés. Les nazis ont fait connaître ce sort à plus de 600 villages en Biélorussie.

Marie Uchytilova, Monument du Mémorial aux enfants victimes de la guerre, Lidice.

1 Doc. 1 Racontez l'événement qu'a connu le village de Lidice.

....

....

....

....

....

2 Doc. 1 Expliquez, en la décrivant, comment cette œuvre d'art transmet la mémoire de cet événement.

....

....

....

....

....

....

....

Doc. 2 Le génocide des Arméniens (1915)

En 1915, les Arméniens et d'autres minorités (notamment chrétiennes) de l'Empire ottoman sont victimes d'un génocide qui fait 1,2 million de morts.

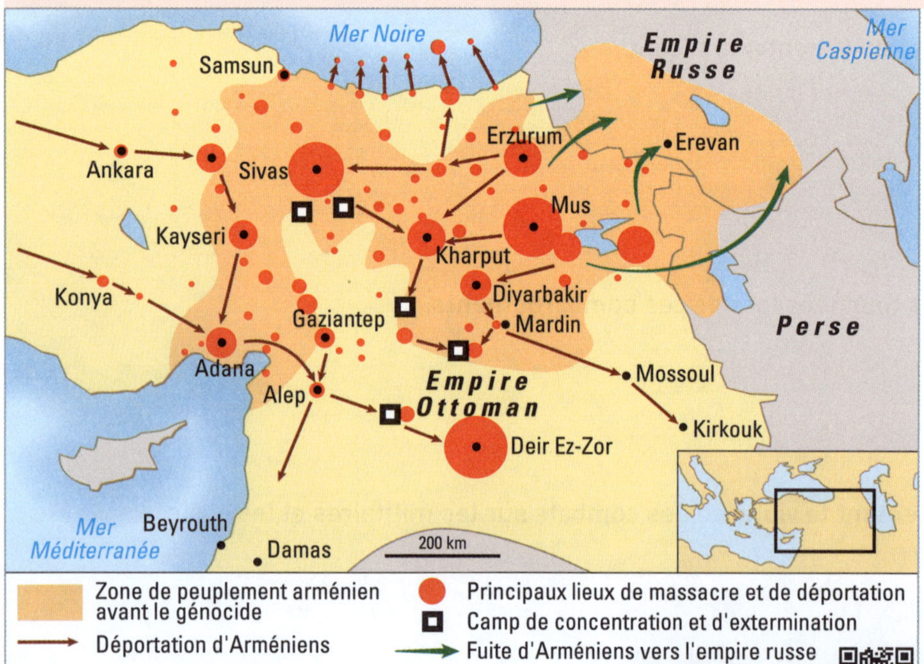

carte interactive
foucherconnect.fr/20hgc010

3 Doc. 2 Situez et contextualisez l'événement dont il est question.

....

....

....

....

....

....

4 Doc. 2 Dites qui est visé par ce génocide et comment se passe le massacre.

....

....

....

....

....

....

Doc. 3 Birkenau, symbole du génocide des Juifs d'Europe

1,3 million de personnes ont été déportées dans les camps d'Auschwitz, 960 000 Juifs et 20 000 Tsiganes y sont morts. Ginette Kolinka est âgée de 19 ans quand elle est déportée à Auschwitz-Birkenau en avril 1944 avec son père, son frère et son neveu.

Il y a plusieurs premiers jours avant Birkenau, vous savez. Il y a le premier jour d'arrestation. Le premier jour quand on est en prison. Le premier jour quand on arrive à Drancy. Le premier jour de voyage, dans le train, sans lumière vers l'Allemagne. Et le premier jour dans le camp. Moi, je n'avais pas peur, en arrivant. Je croyais que les juifs arrêtés allaient dans des camps de travail. [...] En descendant du train, il y avait un camion. On m'avait dit qu'il transportait les plus faibles, pour leur épargner le trajet de la « Judenrampe » jusqu'à l'entrée du camp, environ 1 kilomètre. Alors j'ai dit à mon père de 61 ans et à mon frère de 12 ans, Gilbert, de prendre le camion. Cela, je ne me le pardonnerai jamais. Les camions allaient en réalité directement dans les chambres à gaz. Je ne savais pas, moi,

j'ai commencé à marcher avec les autres. [...] À Birkenau, vous arrivez encore civilisé. Vous êtes encore un être humain. Mais ce qui est incroyable, c'est qu'en très, très, très peu de temps, vous ne devenez plus rien. On vous déshabille. On vous rase les cheveux. Le pubis. Vous imaginez ? On vous tatoue. Matricule 78599. En l'espace de quelques heures, vous n'êtes plus rien.

Interview de Ginette Kolinka, « Il ne faut pas retourner à Birkenau au printemps », Céline Héron, *Le Temps*, 1er juin 2019.

5 Doc. 3 Repérez dans le texte les différentes étapes racontées par Ginette Kolinka : soulignez en vert ce qui arrive en France, en rouge le voyage, en bleu ce qui arrive aux juifs à Birkenau.

6 Doc. 3 Dites, à partir de ce récit et de ce que vous savez, pourquoi on parle de génocide.

....

....

....

7 Doc. 1 à 3 Comparez les massacres des trois documents.

	Doc 1	Doc 2	Doc 3
Contexte historique	....	....	....
Populations visées	....	....	....
Raisons du massacre	....	....	....
Nature du massacre	....	....	....

Je fais le point sur... Les violences de guerre

→ ***Indiquez les principales caractéristiques de la violence des combats, des violences contre les civils et les principales populations concernées par les génocides.***

ÉTUDE 3

Les sorties de guerre

CAPACITÉS
- **Confronter** des points de vue sur les traités de paix des années 1920.
- **Questionner** des documents pour conduire une analyse historique.

Les guerres mondiales sont des guerres totales qui ont profondément marqué les sociétés et les États. Comment le retour à la paix permet-il de recomposer les sociétés ?

1 Finir la guerre

Doc. 1 Les principaux traités de paix de la Première Guerre mondiale

Les traités de paix de 1918-1923 permettent aux vainqueurs d'imposer aux vaincus des pertes de territoires, des dédommagements financiers et des contraintes militaires.

Date	Traité de	Pays concernés	Décision
3 mars 1918	Brest-Litovsk	Empire allemand / République russe	Consacre la fin des combats sur le front Est.
28 juin 1919	Versailles	Allemagne / pays alliés	Prend des sanctions contre l'Allemagne et ses alliés.
10 septembre 1919	Saint-Germain-en-Laye	Autriche / pays alliés	Établit la paix et consacre la disparition de l'Empire Austro-Hongrois.
4 juin 1920	Trianon	Hongrie / pays alliés	Fixe les limites de la Hongrie qui perd des territoires.
10 août 1920	Sèvres	Turquie / pays alliés	Impose des reculs territoriaux à la Turquie.
18 mars 1921	Riga	URSS / Lettonie	La Russie renonce à occuper la Lettonie.
24 juillet 1923	Lausanne	Turquie / pays alliés	Remplace le traité de Sèvres après la victoire de la Turquie contre la Grèce.

1 Doc. 1 **Montrez que les traités de paix organisent difficilement la paix.**

....

....

Doc. 2 Le traité de Versailles

L'Allemagne signe l'armistice le 11 novembre 1918, mais la paix n'est conclue que le 28 juin 1919 à Versailles. Elle est désignée comme seule responsable de la guerre : elle doit verser des réparations financières, elle perd 13 % de son territoire et 8 millions d'habitants.

 # vidéo
Le traité de Versailles de 1919 - 3,10 min
foucherconnect.fr/20hgc011

2 Doc. 2 **Précisez à quel règlement de conflit le traité de 1919 est comparé.**

....

....

3 Doc. 2 **Décrivez l'image en précisant quels sentiments dominent.**

....

....

....

– Sentiments pour les Français :

....

....

– Sentiments pour les Allemands :

....

....

Doc. 3 Un déplacement de population en masse

En 1923, le traité de Lausanne a légitimé l'échange obligatoire de plus de 1,7 million de Grecs et de Turcs. Les négociateurs se sont entendus sur une solution drastique pour prévenir d'autres conflits : l'homogénéité culturelle à l'intérieur des frontières nationales.

 # vidéo Aux origines du conflit kurde en Turquie - 6,14 min
foucherconnect.fr/20hgc012

4 Doc. 3 **Expliquez en quoi consistent les échanges de population.**

5 Doc. 1 à 3 et vidéo **Expliquez pourquoi on peut dire que les traités des années 1920 (Versailles, Sèvres, Lausanne) ont été une source de conflits et de mécontentement.**

Doc. 4 Le procès de Nuremberg (1945-1946)

Ce procès organisé par les vainqueurs de l'Allemagne nazie (Français, Américains, Anglais et Soviétiques), du 20 novembre 1945 au 1er octobre 1946, a permis de juger 24 nazis, accusés notamment de « crimes de guerre » et de « crimes contre l'humanité ».

 # vidéo L'ouverture du procès de Nuremberg - 2,48 min
foucherconnect.fr/20hgc013

Du 20 novembre 1945 au 1er octobre 1946, le Tribunal militaire international juge à Nuremberg 24 responsables nazis accusés de crimes contre la paix, de guerre et contre l'humanité. Ce procès est suivi par 400 journalistes.
❶ Banc des accusés (ex : ⓐ Goering ; ⓑ Ribbentrop) ; ❷ Avocats ; ❸ Procureur ; ❹ Greffiers ; ❺ Les 4 juges internationaux et leurs assesseurs ; ❻ Caméras du réalisateur américain John Ford

6 Doc. 4 et p. 44-45 **Déterminez la nature des crimes pour lesquels les dirigeants nazis ont été jugés à Nuremberg.**

– Crimes de guerre : ....

– Crimes contre l'humanité : ....

7 Doc. 4 **Pourquoi ce procès est-il un moment important pour le droit international ?**

2 Préserver la paix

Doc. 1 Le rôle de la SDN

Une nouvelle organisation internationale est créée en 1919 : la Société des nations vise à établir une démocratie mondiale selon le principe « du droit des peuples à disposer d'eux-mêmes ».

Le Miroir, 16 mars 1919.

1 Doc. 1 Décrivez le dessin en précisant ce qu'il cherche à montrer.

....

2 Doc. 1 Expliquez quel rôle est assigné à la SDN.

....

3 Doc. 1 et 2 La SDN a-t-elle permis de garantir la paix ?

....

 # vidéo
Accords de Munich : au nom du pacifisme, la naissance d'une guerre - 2,02 min
foucherconnect.fr/20hgc014

Doc. 2 Les accords de Munich (1938)

Signés dans la nuit du 29 au 30 septembre 1938 entre l'Allemagne, la France, le Royaume-Uni et l'Italie : les pays décident un compromis afin d'éviter la guerre. En contrepartie, l'Allemagne nazie est autorisée à envahir les Sudètes en Tchécoslovaquie.

« Nous ne prenons pas place dans la brigade des acclamations. Nous n'écrirons pas que l'accord de Munich a sauvé la paix. Nous enregistrons que M. Daladier vient de souscrire au dépècement d'un peuple libre. Nous sommes persuadés que la menace que courent des millions d'hommes en France et en Europe est plus grave aujourd'hui qu'elle n'était hier. Nous n'applaudissons pas parce qu'il n'est pas dans la tradition française d'applaudir aux violations du droit. Nous n'applaudissons pas parce que nous croyons qu'on affaiblit la paix chaque fois qu'on affaiblit la sécurité française et que l'accord de Munich est un Sedan diplomatique.

Ceux qui reviennent de Munich avec ce bagage peuvent essayer de se faire pardonner. Mais ils manquent de pudeur lorsque, gagnés par la contagion, ils prennent debout sur leur voiture des poses de Premier consul. Non ! Nous n'applaudissons pas ! [...]

Aujourd'hui, l'armée allemande fera son entrée dans la région des Sudètes. Dans les jours qui viennent, le territoire sera complètement occupé. Que vaudront les frêles barrières de la commission internationale? Qu'on imagine le sort de dizaines de milliers d'hommes et de femmes, de Tchèques, de juifs, de socialistes, de communistes, de démocrates qui, en dépit des procédures fragiles imaginées *in extremis*, seront livrés au couteau de l'égorgeur. Non, on n'a pas le droit de prostituer le beau nom de paix en l'accolant à ces opérations punitives. [...] »

Gabriel Péri, *L'Humanité*, 1er octobre 1938.

4 Doc. 2 Pourquoi cet événement est-il un symbole fort de l'échec de la paix ?

....

Doc. 3 La création de l'ONU en 1945

Nous, peuples des Nations unies, RÉSOLUS
- à préserver les générations futures du fléau de la guerre qui deux fois en l'espace d'une vie humaine a infligé à l'humanité d'indicibles souffrances ;
- à proclamer à nouveau notre foi dans les droits fondamentaux de l'homme, dans la dignité et la valeur de la personne humaine, dans l'égalité de droits des hommes et des femmes, ainsi que des nations, grandes et petites ;
- à créer les conditions nécessaires au maintien de la justice et du respect des obligations nées des traités et autres sources du droit international ;
- à favoriser le progrès social et instaurer de meilleures conditions de vie dans une liberté plus grande. [...]

Préambule de la Charte des Nations unies, San Francisco, 26 juin 1945.

5 Doc. 3 **Dites à quoi s'engagent les États en signant la Charte des Nations unies.**

6 Doc. 3 **Décrivez et interprétez l'affiche.**

Je fais le point sur... Les sorties de guerre

→ ***Complétez la synthèse suivante.***

Les sorties des deux guerres sont marquées par une volonté de rétablir la paix en trouvant des solutions et des institutions devant garantir la paix.

1) Les traités de paix et les procès...

2) Pour garantir la paix, on met en place...

DIFFÉRENCIATION

1937, début de la guerre en Asie : agression du Japon contre la Chine

CHOISISSEZ LE PARCOURS QUI VOUS CONVIENT LE MIEUX

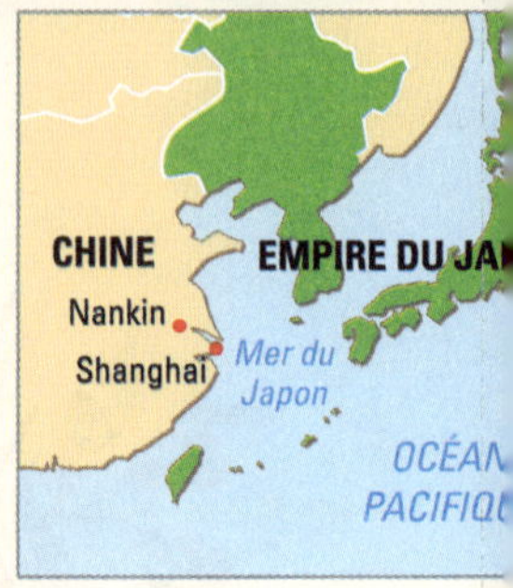

Doc. 1 Une affiche de propagande en chinois produite par les Japonais

La ville de Nankin, alors capitale de la Chine, est tombée en décembre 1937, quelques mois après le début de l'invasion de la Chine par l'armée impériale nippone. Les Japonais y perpètrent un massacre d'une violence extrême pendant plusieurs semaines. Le « sac de Nankin » fait 300 000 victimes selon la Chine. Le Japon en reconnaît 200 000.

Traduction :
« Création d'un nouveau régime après le retrait de Chiang ».
Le drapeau à cinq couleurs fut celui de la république de Chine de 1912 à 1928. Il fut utilisé, avec des variantes de couleurs, entre 1935 et 1940, par plusieurs gouvernements collaborateurs chinois créés par les Japonais.

PARCOURS autonome

1 → Décrivez l'affiche en localisant les événements.

....

....

....

....

....

....

2 → Confrontez l'affiche avec la réalité présentée dans le paratexte.

....

....

....

....

....

3 → Racontez l'événement dont il est question puis, en confrontant l'affiche et la réalité des faits, expliquez le but de cette affiche.

....

....

PARCOURS **accompagné**

Doc. complémentaire Massacre de Nankin

Photographie prise par Murase Moriyasu, à Nankin sur les rives du Yang-Tsé-Kiang entre décembre 1937 et janvier 1938.

1 → Complétez le tableau d'analyse.

AFFICHE		DOC. COMPLÉMENTAIRE
Premier plan	**Second plan**	
Décrivez les personnages en tenant compte de leur âge, leur attitude.	Expliquez quel est l'espace cartographié au second plan, à quoi correspondent les deux sortes de drapeaux, comment est représentée la guerre.	Décrivez la photographie et dites ce que l'on peut en conclure. ....

2 → Racontez l'événement dont il est question puis, en confrontant l'affiche et la réalité des faits, expliquez le but de cette affiche.

....

....

....

....

JE RETIENS

Guerres européennes, guerres mondiales, guerres totales (1914-1945)

Des sociétés en guerre

• **Jamais les sociétés n'ont été autant mobilisées que durant ce que des historiens ont appelé la guerre civile européenne entre 1914 et 1945.** La guerre, née en Europe en 1914, a gagné progressivement l'ensemble du monde. En 1937, le Japon attaque la Chine. La guerre éclate en Europe après l'invasion de la Pologne par les nazis en 1939. Le conflit se transforme rapidement en **guerre mondiale**.

• **Les différents États mènent une propagande très efficace**, mais les sociétés elles-mêmes se mobilisent autour d'idéaux communs. Les exemples d'engagement sont nombreux et variés, adolescents au combat, femmes à l'usine à l'arrière pour la Première Guerre mondiale, collaboration ou résistance lors de la Seconde. L'ensemble de la société est mis au service de la guerre qui se transforme en **guerre totale**.

• **En France, Charles de Gaulle**, replié à Londres après la mise en place du régime de la collaboration en 1940 avec l'Allemagne, fonde **la France libre**, dont **Brazzaville** devient la capitale.

Les violences de guerre

• **En Europe et dans le monde, c'est un crescendo de violence** qui marque les années 1914-1945. Le martyre des populations civiles de la Seconde Guerre mondiale, comme lors du bombardement de Dresde, des villes japonaises puis celui **d'Hiroshima et Nagasaki**, constitue un indéniable paroxysme de la violence extrême en Europe et dans le monde.

• **À l'échelle mondiale, c'est bien la diffusion, la circulation et la banalisation des pratiques de violence extrême** qui caractérisent les conflits au XXe siècle.

• **Deux génocides marquent cette période :** le **génocide des Arméniens** pendant la Première Guerre mondiale ; le **génocide des Juifs et des Tsiganes** pendant la Seconde Guerre mondiale perpétré par le régime nazi **antisémite**.

Les sorties de guerre

• **La paix dessine après chaque guerre un nouveau système international.** Après la Première Guerre mondiale, le nationalisme est accusé de faire le lit des conflits. La création de la **SDN** vise à éviter tout recours aux armes. Les territoires sont remodelés, mais les traités des années 1920 mécontentent de nombreuses populations et portent les germes de nouveaux conflits, comme le traité de Versailles qui ne sera jamais accepté par les nazis.

• **La participation active des populations colonisées** à l'effort de guerre, et le principe du « droit des peuples à disposer d'eux-mêmes » ont fait naître un fort **anticolonialisme**, comme en Algérie, occupée par la France.

• **L'ONU remplace la SDN en 1945.** Dévastés, l'Europe tout entière et d'autres pays comme le Japon se reconstruisent.

mémo > AUDIO

foucherconnect.fr/20hgc015

Mots-clés

- **Anticolonialisme** : mouvement d'opposition à la doctrine d'occupation et de domination de territoires étrangers, le colonialisme.
- **ONU** : organisation internationale mise en place en 1945 dont les objectifs sont le maintien de la paix et la sécurité internationale.
- **Propagande** : stratégie de communication de masse ayant pour objectif l'influence de l'opinion et des actions d'individus ou de groupes au moyen d'informations partiales.
- **SDN** : organisation internationale créée par le traité de Versailles (1919) et qui a siégé à Genève de 1920 à 1946.

Doc. Deux guerres mondiales

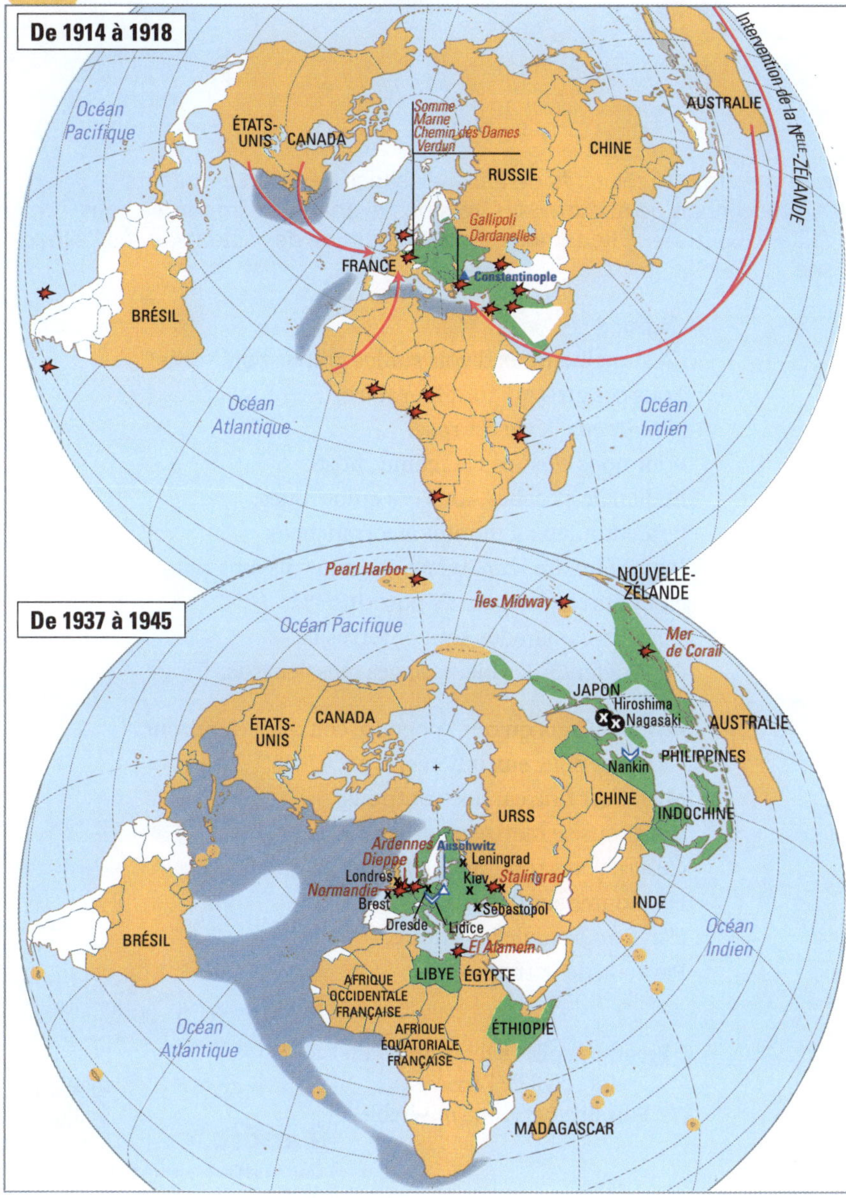

carte interactive
foucherconnect.fr/20hgc016

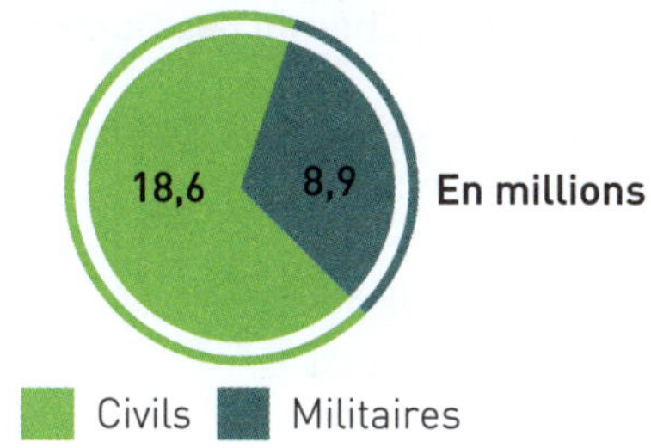

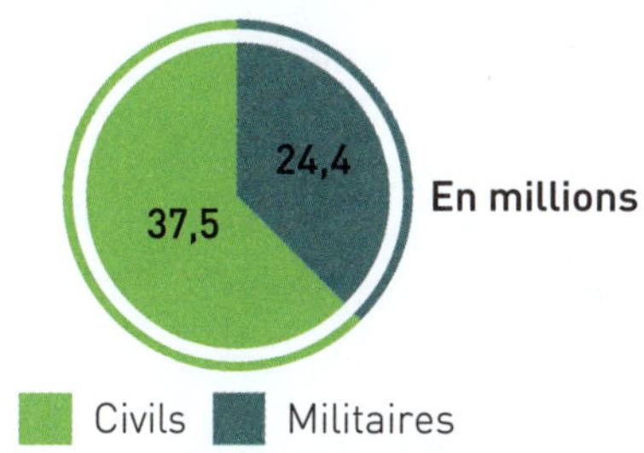

carte interactive
foucherconnect.fr/20hgc017

Complétez la légende des cartes.

	1. Des sociétés en guerre		2. Les violences de guerre
[case orange]	....	[symbole]	....
[case]	États centraux /Axe, y compris États annexés		**Villes détruites**
		x	....
[case]	Batailles terrestres et maritimes majeures	⊗	....
			Génocides
		[case]	*Lieu de décision*
		[case]	*Épicentre*
[case]	Guerre sous-marine	[case]	Massacres

À partir de la comparaison de ces deux cartes, déterminez quelques caractéristiques importantes des deux guerres mondiales.

....

....

....

....

....

....

....

....

....

....

....

Dire le Chemin des Dames

Doc. 1 La chanson de Craonne

La chanson de Craonne est popularisée au moment des mouvements collectifs de désobéissance de 1917. Les soldats l'apprenaient par cœur, se la transmettaient oralement. Elle connaît de nombreuses versions avant d'être imprimée sous cette forme en 1919 par le militant communiste Paul Vaillant-Couturier. Elle témoigne de la lassitude des soldats après l'échec de l'offensive Nivelle au **Chemin des Dames** dans l'Aisne.

Quand au bout d'huit jours, le r'pos terminé,
On va reprendre les tranchées,
Notre place est si utile
Que sans nous on prend la pile*.
Mais c'est bien fini, on en a assez,
Personne ne veut plus marcher,
Et le cœur bien gros, comm' dans un sanglot
On dit adieu aux civ'lots**.
Même sans tambour, même sans trompette,
On s'en va là-haut en baissant la tête.

Refrain : Adieu la vie, adieu l'amour,
Adieu toutes les femmes.
C'est bien fini, c'est pour toujours,
De cette guerre infâme.
C'est à Craonne, sur le plateau,
Qu'on doit laisser sa peau
Car nous sommes tous condamnés
Nous sommes les sacrifiés !

Huit jours de tranchées, huit jours de souffrance,
Pourtant on a l'espérance
Que ce soir viendra la r'lève
Que nous attendons sans trêve.
Soudain, dans la nuit et dans le silence,
On voit quelqu'un qui s'avance,
C'est un officier de chasseurs à pied,
Qui vient pour nous remplacer.
Doucement dans l'ombre, sous la pluie qui tombe
Les petits chasseurs vont chercher leurs tombes.

(*Refrain*)
C'est malheureux d'voir sur les grands boul'vards
Tous ces gros qui font leur foire,
Si pour eux la vie est rose,
Pour nous c'est pas la même chose.
Au lieu de s'cacher, tous ces embusqués,
F'raient mieux d'monter aux tranchées
Pour défendre leurs biens, car nous n'avons rien,
Nous autres, les pauvr's purotins***.
Tous les camarades sont enterrés là,
Pour défendr' les biens de ces messieurs-là.

Refrain : Ceux qu'ont l'pognon, ceux-là r'viendront,
Car c'est pour eux qu'on crève.
Mais c'est fini, car les trouffions
Vont tous se mettre en grève.
Ce s'ra votre tour, messieurs les gros,
De monter sur l'plateau,
Car si vous voulez la guerre,
Payez-la de votre peau !

Dans *La gazette des Ardennes*, le 24 juin 1917.

* Prendre la pile : subir une défaite.
** Civelot : civil de l'arrière.
*** Purotin : personne misérable.

 # audio
Chanson de Craonne interprétée par Marc Ogeret - 4,38 min
foucherconnect.fr/20hgc018

1 Relevez dans le texte des phrases exprimant :

La lassitude	Le refus de continuer le combat	Une forme de révolte sociale

Doc. 2 Carte de l'offensive du 16 avril 1917

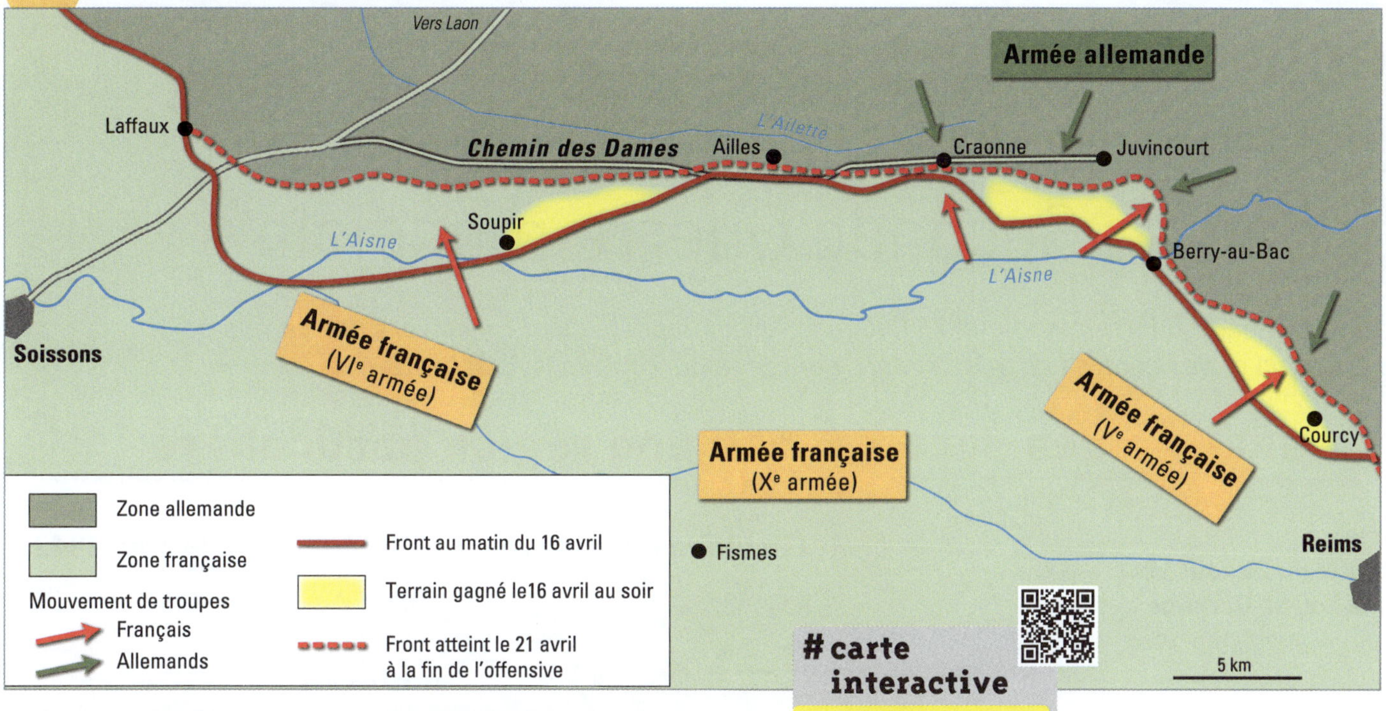

Doc. 3 Un ancien combattant témoigne dans un roman

Cinquante mois on se l'est disputé, on s'y est égorgé et le monde anxieux attendait de savoir si le petit sentier était enfin franchi. Ce n'était que cela, ce chemin légendaire : on le passe d'une enjambée... Si l'on y creusait, de la Malmaison à Craonne, une fosse commune, il la faudrait deux fois plus large pour contenir tous les morts qu'il a coûtés. Ils sont là, trois cent mille, Allemands et Français, leurs bataillons mêlés dans une suprême étreinte qu'on ne dénouera plus, trois cent mille sur qui des mamans s'étaient penchées quand ils étaient petits, trois cent mille dont de jeunes mains caressèrent le visage. Trois cent mille morts, cela fait combien de larmes ?

Roland Dorgelès, *Le réveil des morts*, Albin Michel, 1923.

2 Doc. 2 Surlignez sur la carte le Chemin des Dames et Craonne. Repérez la ligne de départ, le terrain gagné le 16 avril au soir et enfin le front atteint à la fin de l'offensive le 21 avril. Quelle conclusion peut-on en tirer ?

....

3 Doc. 3 Expliquez ce que l'écrivain Roland Dorgelès entend par « ce chemin légendaire ».

....

4 Doc. 1 à 3 Présentez la chanson de Craonne en expliquant son contexte. Dites pourquoi sa poésie parvient à nous toucher si longtemps après les événements.

....

....

....

....

....

....

Rechercher des informations
sur les processus de déportation pendant la Seconde Guerre mondiale

Durant la Seconde Guerre mondiale, 76 000 juifs furent déportés de France vers des camps de concentration et des centres de mise à mort, dont près de 90 % vers Auschwitz.

1 J'analyse des documents d'une région particulière

La rafle du 26 août 1942 dans le Lot-et-Garonne

Le mercredi 26 août 1942, entre 5 h et 6 h du matin, débute la grande rafle dans toute la zone libre. L'ensemble des forces de police du département est mobilisé pour arrêter les femmes et les hommes de moins de 60 ans et les enfants de plus de 2 ans. Ils n'ont que quelques minutes pour rassembler l'indispensable (vêtements, couvertures, argent, vivres et tickets d'alimentation). Cette rafle est un échec pour les autorités : sur 705 personnes désignées, 368 sont arrêtées. Les juifs sont dirigés vers le camp de Casseneuil, choisi comme centre départemental de rassemblement.

Doc. 1 Circulaire du ministère de l'Intérieur du 29 août 1942

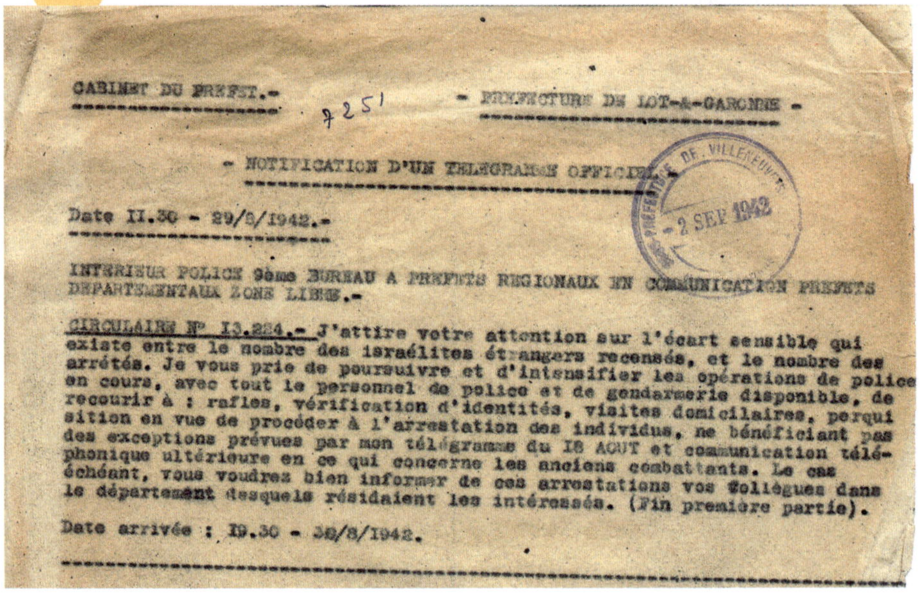

CABINET DU PREFET.- 7251 - PREFECTURE DE LOT-&-GARONNE -

- NOTIFICATION D'UN TELEGRAMME OFFICIEL.-

Date 11.30 - 29/8/1942.-

INTERIEUR POLICE 9ème BUREAU A PREFETS REGIONAUX EN COMMUNICATION PREFETS DEPARTEMENTAUX ZONE LIBRE.-

CIRCULAIRE N° 13.224.- J'attire votre attention sur l'écart sensible qui existe entre le nombre des israélites étrangers recensés, et le nombre des arrêtés. Je vous prie de poursuivre et d'intensifier les opérations de police en cours, avec tout le personnel de police et de gendarmerie disponible, de recourir à : rafles, vérification d'identités, visites domiciliaires, perquisition en vue de procéder à l'arrestation des individus, ne bénéficiant pas des exceptions prévues par mon télégramme du 18 AOUT et communication téléphonique ultérieure en ce qui concerne les anciens combattants. Le cas échéant, vous voudrez bien informer de ces arrestations vos collègues dans le département desquels résidaient les intéressés. (Fin première partie).

Date arrivée : 19.30 - 30/8/1942.

Archives départementales du Lot-et-Garonne.

Doc. 2 Liste de juifs choisis pour la déportation (extrait)

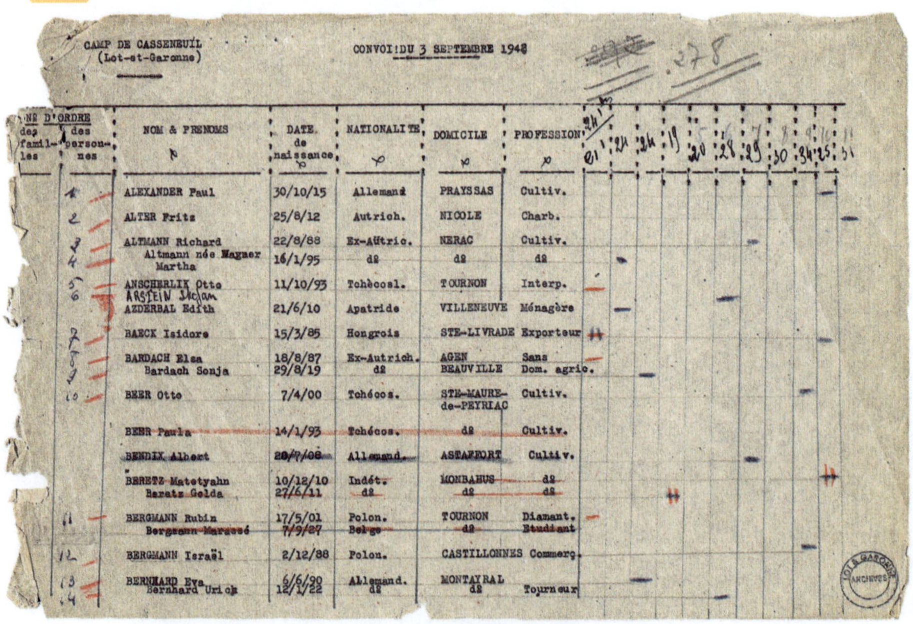

CAMP DE CASSENEUIL (Lot-et-Garonne) — CONVOI DU 3 SEPTEMBRE 1942 — 278

N° d'ordre des familles	N° d'ordre des personnes	NOM & PRENOMS	DATE de naissance	NATIONALITE	DOMICILE	PROFESSION
	1	ALEXANDER Paul	30/10/15	Allemand	PRAYSSAS	Cultiv.
	2	ALTER Fritz	25/8/12	Autrich.	NICOLE	Charb.
	3	ALTMANN Richard	22/8/88	Ex-Autric.	NERAC	Cultiv.
	4	Altmann née Wagner Martha	16/1/95	d°	d°	d°
	5	ANSCHERLIK Otto	11/10/93	Tchècosl.	TOURNON	Interp.
	6	ARSTEIN Stefan				
		AZDERBAL Edith	21/6/10	Apatride	VILLENEUVE	Ménagère
	7	BAECK Isidore	15/3/85	Hongrois	STE-LIVRADE	Exporteur
	8	BARDACH Elsa	18/8/87	Ex-Autrich.	AGEN	Sans
	9	Bardach Sonja	29/8/19	d°	BEAUVILLE	Dom. agric.
	10	BEER Otto	7/4/00	Tchécos.	STE-MAURE-de-PEYRIAC	Cultiv.
		BEER Paula	14/1/93	Tchécos.	d°	Cultiv.
		BENDIX Albert	20/7/06	Allemand.	ASTAFFORT	Cultiv.
		BERETZ Matetyahn	10/12/10	Indét.	MONBAHUS	d°
		Beretz Golda	27/6/11	d°	d°	d°
	11	BERGMANN Rubin	17/5/01	Polon.	TOURNON	Diamant.
		Bergmann Marcessé	7/9/27	Belge	d°	Etudiant
	12	BERGMANN Israël	2/12/88	Polon.	CASTILLONNES	Commerç.
	13	BERNHARD Eva	6/6/90	Allemand.	MONTAYRAL	
	14	Bernhard Urich	12/1/22	d°	d°	Tourneur

Liste élaborée après avis de la commission de criblage qui avait pour mission de choisir les Juifs devant être déportés ou non.

Archives départementales du Lot-et-Garonne.

2 J'identifie les processus de déportation

à l'échelle nationale et européenne

Doc. 3 Principaux itinéraires des convois de déportation vers Auschwitz

1 Doc. 1 Expliquez ce que demande le ministre de l'Intérieur et précisez les raisons de cette demande.

....

....

....

2 Doc. 2 Dites, à partir de cette liste, les personnes qui sont visées par cette rafle.

....

3 Doc. 1 à 3 Décrivez le processus de déportation dans le Lot-et-Garonne (arrestation, internement, déportation).

....

....

....

....

4 Doc. 3 Que pouvez-vous conclure du processus de déportation à l'échelle de la France et de l'Europe ?

....

....

....

3 Je rends compte à l'oral ou à l'écrit

à titre individuel ou collectif

5 À partir de cet exemple, faites une recherche sur le processus de déportation des Juifs dans votre département ou région pendant la Seconde Guerre mondiale.

#lien
Carte interactive CNRS/ENS
foucherconnect.fr/20hgc020

Étape 1 : Recherchez des informations.

– Identifiez un exemple proche de votre lycée à partir de la carte interactive proposée par le CNRS et l'ENS.
– Trouvez des documents au musée de la résistance et de la déportation de votre département, aux archives départementales, ou sur leur site Internet.
– Interviewez des témoins rescapés de la déportation vivant près de votre lycée.

Étape 2 : Préparez un dossier.

– Choisissez quelques documents qui vous permettront d'expliquer le processus de déportation.
– Précisez la source exacte de ces documents.
– Analysez rapidement chaque document.
– Écrivez une courte synthèse dans laquelle vous expliquez le processus.

Étape 3 : Présentez à l'oral le processus de déportation que vous avez étudié.

6 Présentez le contexte général et le contexte local.

7 Expliquez le processus lui-même : comment se font les arrestations, selon quelles règles, où sont parqués les Juifs en attendant la déportation ? Où sont-ils déportés ?

8 Faites un bilan de ce processus de déportation.

Quelques conseils

L'oral peut prendre la forme :

– d'un exposé qui sera illustré d'images ou de détails de documents d'archive ;
– d'un enregistrement audio (sur votre smartphone par exemple) que vous publierez sur l'ENT du lycée ;
– d'un reportage historique que vous diffuserez sur la webradio du lycée.

Une fresque pour mémoire

Cette fresque à l'entrée de Sétif (en Algérie) commémore les 50 ans des massacres de Sétif et Guelma du 8 mai 1945.

 # vidéo
Récit de l'écrivain algérien Kateb Yacine du massacre de Sétif
- 10,09 min
foucherconnect.fr/20hgc021

Au nom du droit des peuples à disposer d'eux-mêmes, certaines populations colonisées veulent profiter de la faiblesse du pouvoir de la métropole pour faire valoir leurs aspirations à la décolonisation et à l'indépendance. C'est notamment le cas en Algérie avec la publication en 1943 du Manifeste du peuple algérien par Ferhat Abbas.

Le 8 mai 1945 : à Sétif, lors d'une manifestation nationaliste, est brandi un drapeau vert et rouge ; cela provoque une altercation avec la police qui conduit à un massacre de 10 000 à 20 000 personnes (selon les historiens). Le mouvement nationaliste s'étend rapidement, en commençant par Guelma l'après-midi.

1 **Analysez et interprétez cette fresque.**

Ce qui est représenté	Ce qui est figuré

2 **Quel lien pouvez-vous établir entre cette aspiration à la décolonisation et la Seconde Guerre mondiale ?**

....

....

....

J'ÉVALUE MES COMPÉTENCES...

Histoire THÈME 2

Guerres européennes, guerres mondiales, guerres totales (1914-1945)

CAPACITÉS MOBILISÉES

- Identifier et nommer les dates et acteurs des grands événements.
- Situer un document dans son contexte pour l'expliquer.
- Confronter des points de vue d'acteurs différents.

> *À l'issue de l'étude du thème, je révise et je m'entraîne sur des capacités du programme.*

Je mobilise les connaissances du thème

Doc. 1 Discours du maréchal Pétain aux Français

« Français !
À l'appel de M. le président de la République, j'assume à partir d'aujourd'hui la direction du gouvernement de la France. Sûr de l'affection de notre admirable armée, qui lutte avec un héroïsme digne de ses longues traditions militaires contre un ennemi supérieur en nombre et en armes, sûr que par sa magnifique résistance elle a rempli son devoir vis-à-vis de nos alliés, sûr de l'appui des anciens combattants que j'ai eu la fierté de commander, sûr de la confiance du peuple tout entier, je fais à la France le don de ma personne pour atténuer son malheur.
En ces heures douloureuses, je pense aux malheureux réfugiés, qui, dans un dénuement extrême, sillonnent nos routes. Je leur exprime ma compassion et ma sollicitude. C'est le cœur serré que je vous dis aujourd'hui qu'il faut cesser le combat.
Je me suis adressé cette nuit à l'adversaire pour lui demander s'il est prêt à rechercher avec nous, entre soldats, après la lutte et dans l'honneur, les moyens de mettre un terme aux hostilités. Que tous les Français se groupent autour du gouvernement que je préside pendant ces dures épreuves et fassent taire leur angoisse pour n'écouter que leur foi dans le destin de la patrie. »

Discours du maréchal Pétain, président du Conseil, prononcé à la radio française le 17 juin 1940 à 12 h 20.

 # audio
Discours radiodiffusé - 1,40 min
foucherconnect.fr/20hgc022

Doc. 2 Discours du général de Gaulle aux Français

« Les chefs qui, depuis de nombreuses années, sont à la tête des armées françaises, ont formé un gouvernement. Ce gouvernement, alléguant la défaite de nos armées, s'est mis en rapport avec l'ennemi pour cesser le combat. Certes, nous avons été, nous sommes submergés par la force mécanique, terrestre et aérienne de l'ennemi. Infiniment plus que leur nombre, ce sont les chars, les avions, la tactique des Allemands qui nous font reculer. Ce sont les chars, les avions, la tactique des Allemands qui ont surpris nos chefs au point de les amener là où ils en sont aujourd'hui.
Mais le dernier mot est-il dit ? L'espérance doit-elle disparaître ? La défaite est-elle définitive ? Non ! Croyez-moi, moi qui vous parle en connaissance de cause et vous dis que rien n'est perdu pour la France. Les mêmes moyens qui nous ont vaincus peuvent faire venir un jour la victoire. Car la France n'est pas seule ! Elle n'est pas seule ! Elle a un vaste Empire derrière elle. Elle peut faire bloc avec l'Empire britannique qui tient la mer et continue la lutte. Elle peut, comme l'Angleterre, utiliser sans limites l'immense industrie des États-Unis. Cette guerre n'est pas limitée au territoire de notre malheureux pays. Cette guerre n'est pas tranchée par la bataille de France. Cette guerre est une guerre mondiale. Toutes les fautes, tous les retards, toutes les souffrances n'empêchent pas qu'il y a, dans l'univers, tous les moyens pour écraser un jour nos ennemis. Foudroyés aujourd'hui par la force mécanique, nous pourrons vaincre dans l'avenir par une force mécanique supérieure. Le destin du monde est là.
Moi, général de Gaulle, actuellement à Londres, j'invite les officiers et les soldats français qui se trouvent en territoire britannique ou qui viendraient à s'y trouver, avec leurs armes ou sans leurs armes, j'invite les ingénieurs et les ouvriers spécialisés des industries d'armement qui se trouvent en territoire britannique ou qui viendraient à s'y trouver, à se mettre en rapport avec moi.
Quoi qu'il arrive, la flamme de la Résistance française ne doit pas s'éteindre et ne s'éteindra pas. Demain, comme aujourd'hui, je parlerai à la radio de Londres. »

Appel du 18 juin, texte du discours radiophonique du général de Gaulle prononcé à la BBC (Londres) le 18 juin 1940 et retranscrit dans le n° 1 du *Bulletin officiel des Forces françaises libres* le 15 août 1940.

 # vidéo
L'appel du 18 juin 1940 : pourquoi ? comment ? - 4 min
foucherconnect.fr/20hgc023

... VERS L'EXAMEN

1 Rappelez le contexte dans lequel ont été prononcés les deux discours.

....

....

....

....

....

....

....

....

2 Comparez les deux textes.

	Texte 1	Texte 2
Auteur	....	....
Fonction	....	....
Position par rapport à la défaite	....	....
Arguments en faveur de cette position	....	....
À quoi appellent-ils les Français ?	....	....

3 En vous appuyant sur vos connaissances, précisez l'engagement de ces deux acteurs historiques.

....

....

....

....

....

....

....

....

THÈME 1 Géographie

La recomposition du territoire urbain en France : métropolisation et périurbanisation

Les centres urbains sont depuis toujours des lieux de pouvoir économique et politique. Parce qu'ils concentrent de plus en plus de services de haut niveau dans les domaines administratif, commercial, culturel ou des loisirs, ils se transforment et s'étalent sur de larges territoires.

Je DÉCOUVRE

La transformation du centre-ville lyonnais : le quartier d'affaires La Part-Dieu concentre 2 500 entreprises et 56 000 emplois. Il est aussi habité par plus de 20 000 personnes. Les tours actuelles accueillent des activités de grandes entreprises dont la SNCF, la Caisse d'épargne, l'assureur Swiss Life... Elles seront rejointes en 2023 par la tour To-Lyon qui atteindra 170 m.

- **Évoquez, à travers quelques mots ou expressions, l'image qui se dégage de la ville de Lyon sur cette photographie.**

....

- **Expliquez quel est, selon vous, l'intérêt pour une entreprise de s'installer dans ce quartier.**

....

....

....

....

Je me REPÈRE

Complétez les légendes des différentes zones d'activités urbaines : *industrielle – reconversion – commerciale – scientifique et technologique – de loisirs – portuaire.*

Des fonctions multiples

La zone .... de Plan-de-Campagne près de Marseille

Le pôle .... de Paris Saclay (*cluster*)

La zone .... du lac Kir à Dijon

La zone .... du groupe PSA à Poissy en banlieue parisienne

La zone d'activité .... du Havre

La .... d'une zone d'activités à Caen

Je COMPRENDS

Des villes durables ?

L'urbanisation croissante des territoires pose désormais la question de la durabilité de ce processus. [...] L'extension rapide des villes et des agglomérations au cours de ces années, alimentée par une importante progression démographique, s'est accompagnée du desserrement des espaces urbains ayant pour résultat la formation de couronnes périurbaines successives autour des agglomérations françaises. Cet étalement urbain entraîne une augmentation des surfaces artificialisées. Ce phénomène est à l'origine de diverses pressions sur l'environnement et les territoires, au premier rang desquelles la réduction des terres agricoles, la détérioration des espaces de biodiversité, ou encore l'augmentation de la vulnérabilité des territoires aux aléas naturels et notamment du risque de surchauffe urbaine.

Faire la ville dense, durable et désirable, extrait de l'introduction, référence Ademe 010251, © ADEME, février 2018.

1 **Indiquez quelle est la conséquence spatiale de l'urbanisation croissante.**

....

2 **Dressez la liste des défis à relever pour une croissance urbaine maîtrisée.**

....

....

....

ÉTUDE 1

Des territoires urbains métropolisés

CAPACITÉS

- **Analyser** un paysage urbain.
- **Décrire et expliquer** les activités du quotidien d'un habitant d'une métropole.
- **Compléter** un croquis simple de géographie.

Les métropoles françaises s'affirment de plus en plus comme des centres de l'économie mondialisée et leurs territoires se recomposent rapidement. Comment ce mouvement se perçoit-il sur les territoires ?

1 La recomposition de la métropole lyonnaise

Doc. 1 La rénovation urbaine à Lyon-Confluence

1. Autoroute A7 – **2.** Voie ferrée – **3.** Siège social de GL Events – **4.** Siège social d'Euronews – **5.** H7, quartier dédié aux start-up du numérique – **6.** Péniches bars des quais du Rhône – **7.** Musée des confluences

1 Doc. 1 Citez un exemple de lieu dédié à chacune des fonctions urbaines suivantes.

Activités de commandement : ....

....

Innovation et high-tech : ....

Culture : ....

Loisirs : ....

2 Doc. 1 + doc. ouverture Proposez trois adjectifs pour qualifier l'architecture de ces nouveaux quartiers.

....

Doc. 2 Une ville-centre transformée

À l'échelle de la ville, Lyon a connu des mouvements de population [...] : la commune a rajeuni, elle compte moins de familles qu'auparavant mais beaucoup plus de personnes seules, d'étudiants et de cadres. [...] Ces modifications structurelles au sein de la ville se sont faites à travers les évolutions de l'urbanisation et des transports. D'anciennes zones industrielles et ouvrières se sont renouvelées en profondeur, des quartiers insalubres ont été restaurés et investis par de nouvelles populations, de grandes barres d'immeubles de l'après-guerre ont été détruites. En parallèle, les transports collectifs en site propre se sont fortement développés, avec notamment la création de deux lignes de métro, le prolongement d'une troisième et l'arrivée du tramway dès le début des années 2000.

www.insee.fr, juillet 2019.

3 Doc. 2 Relevez trois types d'opération d'urbanisme ayant permis de moderniser la ville.

– ....

....

– ....

– ....

....

4 Doc. 2 Indiquez quels sont les moyens de transport qui ont accompagné cette restructuration.

....

....

Doc. 3 Décines, une ville de l'agglomération lyonnaise

Situé à 17 km à l'est de Lyon, le Parc OL a été inauguré en 2016. Aves les autoroutes, lotissements, parkings, ce sont l'équivalent de 1 240 terrains de football qui ont disparu en dix ans sous le bitume et le béton, dans la métropole lyonnaise.

5 Doc. 3 **En choisissant des couleurs différentes, entourez sur la photographie :**

- **un équipement dédié aux loisirs ;**
- **une zone d'habitat individuel ;**
- **une zone d'activités ;**
- **une voie rapide.**

Doc. 4 Un territoire en mouvement

La plupart des villes de l'aire métropolitaine n'ont cessé d'enregistrer, ces vingt dernières années, des taux de croissance démographique positifs. [...] Qu'il s'agisse de logement, d'emploi, d'achats ou de loisirs, les pratiques des habitants débordent les frontières de l'agglomération lyonnaise et se déploient à l'échelle de l'aire métropolitaine [...] dans un rayon d'environ 60 kilomètres autour de Lyon. Elles génèrent de fait une grande interdépendance entre les différents territoires.

Syndicat mixte d'études et de programmation de l'agglomération lyonnaise (SEPAL), chargé de la mise en œuvre du schéma de cohérence territoriale, www.scot-agglolyon.fr, janvier 2020.

6 Doc. 4 **Soulignez dans le texte le passage démontrant l'influence de Lyon au-delà des limites de l'agglomération.**

7 Doc. 1 à 4 **À partir des documents et de vos réponses aux questions précédentes, appliquez la légende sur le schéma suivant afin de préciser l'organisation d'une aire urbaine. Suivez le code couleur proposé.**

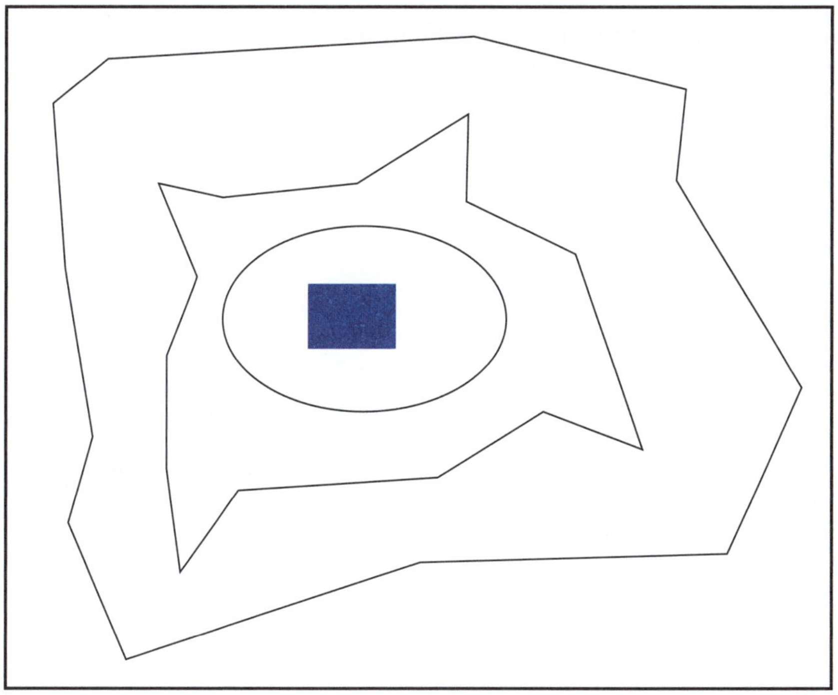

- Pôle urbain central (limite communale)
- Métropole (59 communes)
- Première couronne périurbaine
- Seconde couronne
- Troisième couronne : espace rural polarisé par la ville
- Routes principales
- Étalement urbain

2 L'attractivité à l'origine des transformations

Doc. 1 L'évolution des aires urbaines

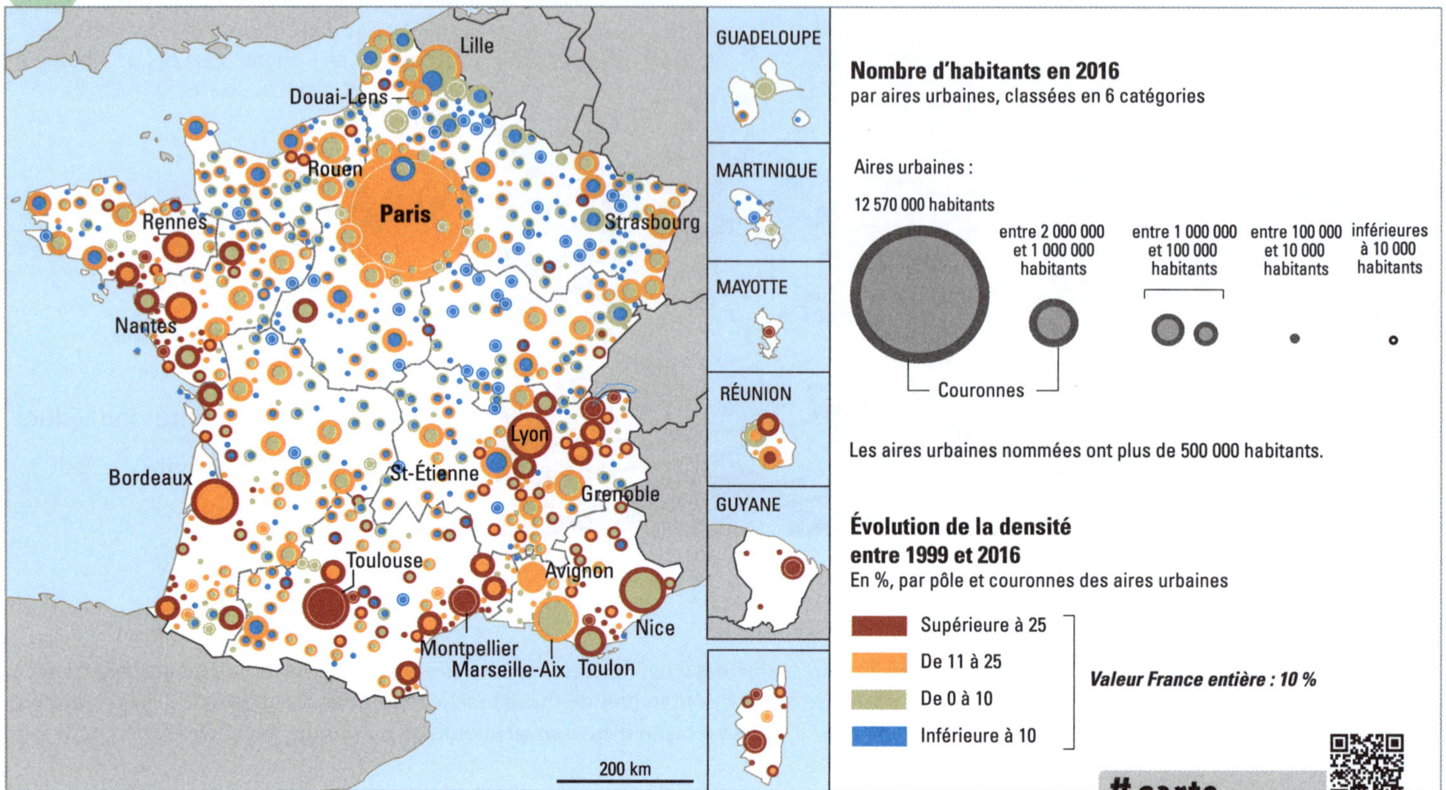

 # carte interactive
foucherconnect.fr/20hgc025

1 Doc. 1 Comparez l'évolution de la densité de Toulouse et de Saint-Étienne.

– Pôles urbains : ....

– Couronnes : ....

2 Doc. 1 Citez deux autres aires urbaines dont la croissance démographique est contenue.

....

3 Doc. 1 Délimitez sur la carte l'espace dans lequel se concentrent les aires urbaines dynamiques.

Doc. 2 La métropolisation, un effet de la mondialisation

La métropolisation de la France a connu un grand bond en avant depuis une vingtaine d'années. Si bien qu'aujourd'hui, une quinzaine d'aires urbaines de plus de 500 000 habitants rassemblent 40 % de la population, 55 % de la masse salariale, 50 % de l'activité économique […]. C'est la traduction « urbaine de la mondialisation » en tant qu'elle reflète l'adaptation des grandes villes aux besoins de l'économie mondialisée « […] » Dans une économie plus axée sur l'innovation et la connaissance, les activités économiques tendent naturellement à la concentration spatiale. […] Et c'est dans la finance et les nouvelles technologies que ces gains sont les plus importants, deux secteurs qui servent aussi les plus hautes rémunérations.

A. Mirlicourtois, « Le fol enrichissement des métropoles françaises », www.latribune.fr, juillet 2019.

 # vidéo
Le fol enrichissement des métropoles françaises - 4,32 min
foucherconnect.fr/20hgc024

4 Doc. 2 Soulignez dans le texte, en vert, les indications illustrant la puissance des métropoles, en bleu, les deux secteurs d'activité surreprésentés dans les métropoles.

Doc. 3 Les lieux de pouvoir et de commandement à Paris

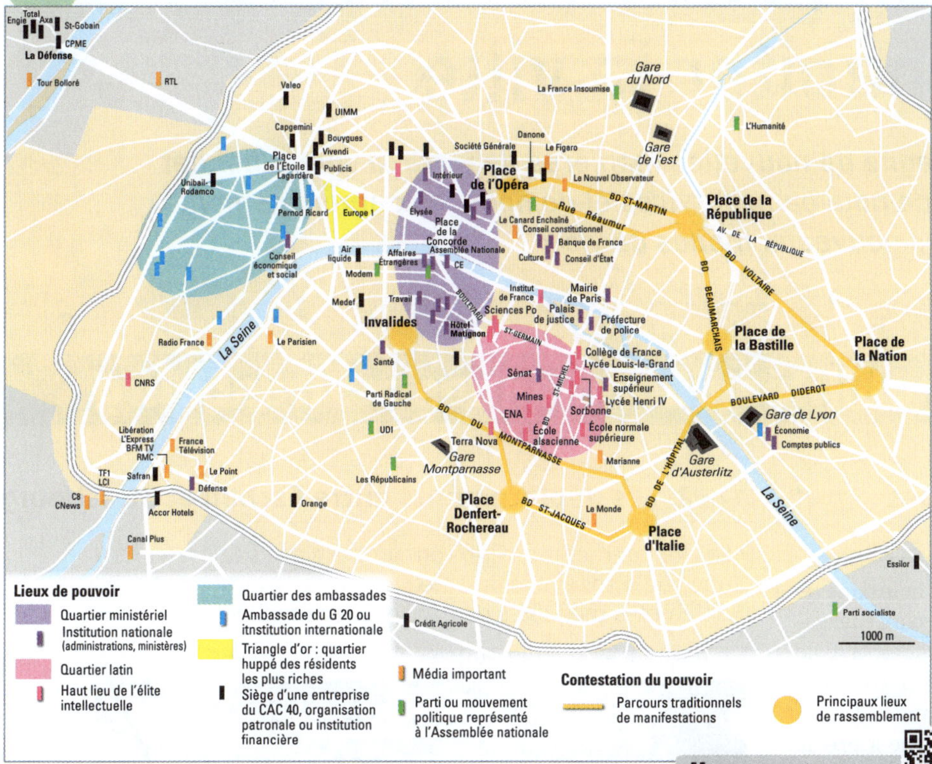

carte interactive
foucherconnect.fr/20hgc026

5 Doc. 3 Complétez le tableau ci-dessous avec deux exemples de lieux de pouvoir par rubrique.

Politique
– ....
– ....
Économique / financier
– ....
– ....
Médiatique
– ....
– ....
Éducation / Culture
– ....
– ....

6 Doc. 3 Hachurez sur la carte la zone de concentration des pouvoirs de la métropole parisienne.

Je fais le point sur... Des territoires urbains métropolisés

→ *Complétez la synthèse suivante.*

La métropolisation = une recomposition des grandes métropoles françaises pour une puissance accrue.

Des pôles urbains centraux modernisés

Un exemple de quartier central rénové :

....

Un aménagement emblématique de l'audace architecturale :

....

Des aires urbaines étendues

10 pôles urbains métropolisés au centre d'aires urbaines étalées sur le rural : ....

....

....

....

Une raison principale à la métropolisation :

....

Des activités de commandement

Deux exemples de pouvoirs concentrés dans les métropoles :

....

....

Un quartier dédié aux activités de commandement :

....

ÉTUDE 2

Le périurbain, une nouvelle manière d'habiter la ville

CAPACITÉS
- **Suivre** une démarche d'analyse géographique.
- **Décrire et expliquer** les mobilités du quotidien d'un habitant d'une commune périurbaine.
- **Analyser** un paysage périurbain à partir d'une image satellite.

La recomposition urbaine accompagne de nouvelles manières de vivre la ville. L'habitat périurbain en particulier favorise de nouveaux services et de nouveaux aménagements. Comment l'urbanisme répond à ces nouveaux modes de vie ?

1 L'évolution des mobilités quotidiennes à Strasbourg

Doc. 1 Le témoignage de Julie, 24 ans

« Autour de moi, les gens ne comprennent pas que je n'ai pas de voiture », raconte l'habitante d'Eschau, à une quinzaine de kilomètres au sud de Strasbourg. Ce choix, teinté d'un engagement écologique, fait plutôt figure d'exception. Elle est la seule de sa famille à se déplacer à pied et en transports en commun uniquement. Elle vient tout juste d'arrêter ses études dans le domaine de l'enseignement. Pendant six ans, Julie a pris le bus d'Eschau à Illkirch-Graffenstaden, puis le tram E pour se rendre à l'arrêt Observatoire. Elle a pris l'habitude d'être patiente. [...] Mais quand le boulot entre en jeu, tout se complique. En ce moment, Julie guette les annonces des agences d'intérim. « Quand je vois quelque chose à Vendenheim* pour le lendemain, je sais que ça va être trop compliqué. »

*Commune au nord de Strasbourg.

G. Krempp, « Sans voiture hors de Strasbourg », www.rue89strasbourg.com, janvier 2019.

Doc. 2 Les déplacements entre Eschau et Strasbourg

Le site Internet rome2rio.com propose à ses utilisateurs une vue d'ensemble du parcours souhaité ainsi que les différentes modalités de transport envisageables.

Le parcours de Julie pour se rendre à l'université.

Les différentes alternatives présentées à Julie par l'application.

Ligne 67 bus, tram · 49 min	4€ →	Taxi · 14 min	29€ - 35€ →
Ligne 67 bus, ligne 24 bus · 1h 18m	4€ - 6€ →	Drive · 14 min	1€ - 3€ →

1 Doc. 1 **Indiquez les raisons pour lesquelles Julie se déplace dans l'agglomération de Strasbourg.**

– Avant le témoignage :

....

....

– Au moment du témoignage :

....

....

2 Doc. 1 et 2 **Entourez, parmi les différentes alternatives offertes pour effectuer le trajet Eschau-Strasbourg, celle retenue par Julie.**

3 Doc. 1 et 2 **Expliquez pourquoi le choix effectué par Julie est le plus pertinent.**

....

....

....

....

Doc. 3 L'accès à la métropole par la route

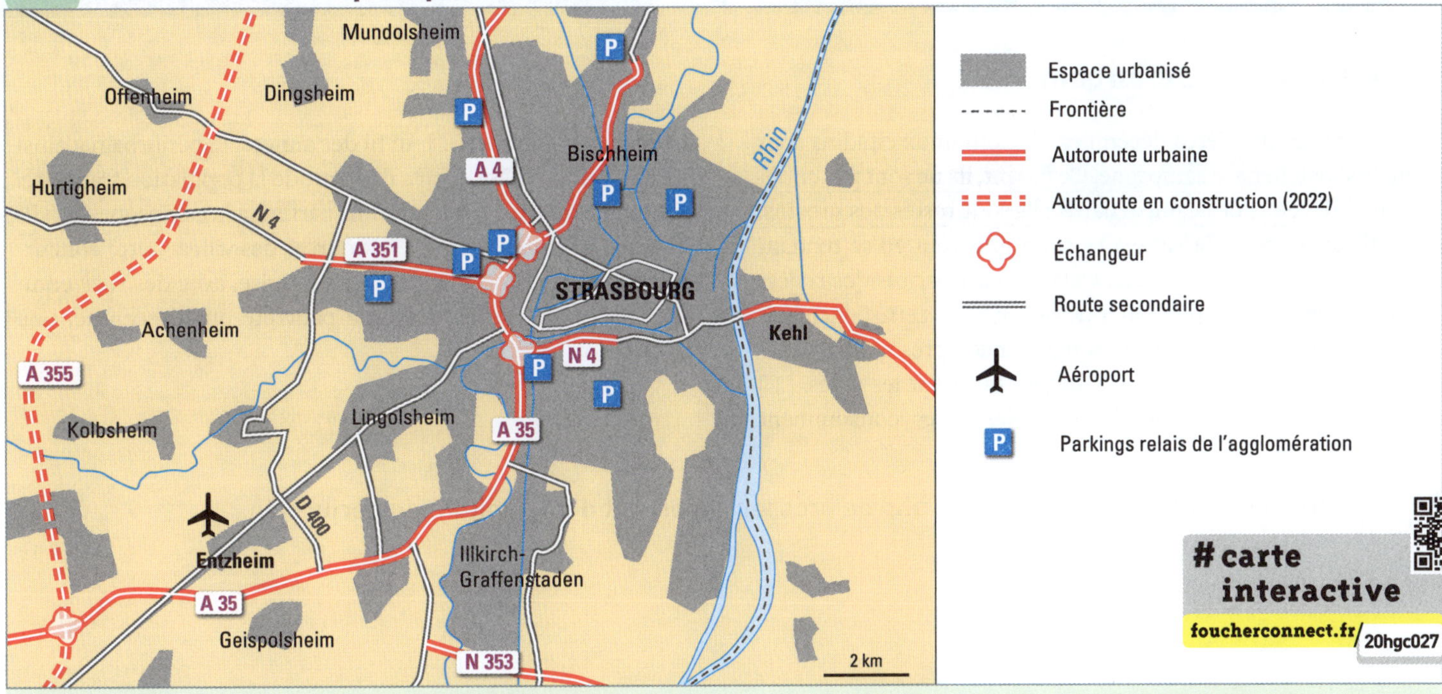

Les parkings relais, connectés au réseau de transport collectif, sont la façon la plus économique de se rendre en ville. Pour 3,50 €, le voyageur bénéficie d'un aller-retour en bus et tram pour tous les occupants de la voiture. Dans le centre-ville, le tarif des parkings peut atteindre 35 euros pour 3 heures.

Plan local d'urbanisme, www.strasbourg.eu, septembre 2019.

4 Doc. 3 **Citez deux éléments de la stratégie mise en œuvre par les acteurs de la métropole strasbourgeoise pour favoriser les transports collectifs dans le centre de l'agglomération.**

....

....

5 Doc. 4 + autres docs **Précisez pourquoi la situation présentée ci-contre se reproduit régulièrement en début et en fin de journée.**

....

....

....

....

....

....

6 Doc. 1 et 4 **À partir de la photographie et de la phrase soulignée dans le doc 1, proposez deux raisons pour lesquelles certains citadins renoncent à l'automobile.**

....

....

....

....

....

Doc. 4 La circulation à l'entrée de Strasbourg

Une majorité des habitants de l'aire urbaine continue de privilégier la voiture pour se rendre au travail.

2 Une périurbanisation inégale

Doc. 1 L'essor du périurbain

Au cours des dernières décennies, de nombreux citadins sont partis s'installer à la campagne. Ce faisant, ils ne sont pas entièrement devenus des campagnards : ils sont restés des urbains. [...] Il est possible de vivre à la campagne, tout en se rendant régulièrement dans une ville. Cela requiert parfois des trajets d'une heure ou plus pour aller travailler, mais cette contrainte paraît acceptable aux ménages qui, année après année, s'installent dans les bourgs et les villages entourant les villes. [...] Dépendants de l'automobile, ils polluent et consomment beaucoup d'énergie. [...] Au fil des années, le périurbain a ainsi séduit, selon l'INSEE, près du quart de la population française. En même temps que les citadins partent à la campagne, les villages captent une part des ressources des villes. Cette concurrence met certaines d'entre elles en crise, avec des rues commerçantes en déshérence, une pauvreté qui s'accentue, une population en déclin.

E. Charmes, *La revanche des villages. Essai sur la France périurbaine*, © Le Seuil, 2019.

1 Doc. 1 Justifiez l'affirmation soulignée afin de brosser le portrait d'un habitant du périurbain.

....

....

....

2 Doc. 1 Citez deux conséquences négatives à l'augmentation de la population périurbaine.

....

....

....

Doc. 2 Une image satellite de l'habitat pavillonnaire à Peynier (Bouches-du-Rhône)

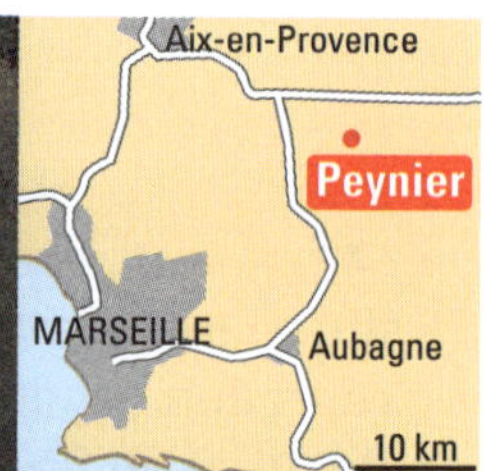

Peynier est un pôle urbain de l'aire urbaine de Marseille. Sa population s'élève à 3 400 habitants. Elle augmente régulièrement et rajeunit.

3 Doc. 2 Citez dans chacune des rubriques un élément montrant la qualité de vie des habitants de ce quartier.

Accessibilité du quartier	Prestige de l'habitat	Qualité de l'environnement
....	....	....
....	....	....
....	....	....

Doc. 3 L'étalement urbain entre Metz et Thionville

La conurbation Metz-Thionville forme un territoire complexe qui regroupe 475 000 habitants. Elle s'étend sur deux aires urbaines. [...] Les communautés de communes Rives-de-Moselle et Pays Orne-Moselle concentrent 110 000 habitants et participent largement aux dynamiques urbaines et métropolitaines du Sillon mosellan. 296 000 déplacements quotidiens sont réalisés entre ou sur ces territoires, auxquels s'ajoutent 76 000 échanges avec Metz Métropole. Dans cette « zone grise », il n'existe aucune solution alternative à la voiture ou au TER*.

* Train express régional.

F. Soria, « Mieux relier les territoires du bassin de vie messin », Fédération nationale des agences d'urbanisme, www.fnau.org, octobre 2019.

4 Doc. 3 **Dans le nuage de mots ci-dessous, entourez trois expressions caractérisant la situation des habitants de ce quartier.**

Habitat individuel récent
Commerces éloignés
Espace enclavé Nuisance sonore
Qualité de l'air Pollution de l'air Qualité de l'air
Commerces éloignés Nuisance sonore
Nuisance sonore Commerces éloignés
Pollution de l'air Service de proximité
Mobilité urbaine facilitée
Espace de biodiversité Espace enclavé Mobilité urbaine facilitée
Espace de biodiversité
Pollution de l'air Espace de biodiversité
Pollution de l'air Service de proximité
Architecture attractive Commerces éloignés
Qualité de l'air Espace enclavé
Habitat individuel récent Mobilité urbaine facilitée

5 Doc. 3 **Précisez la raison pour laquelle la mobilité des habitants de ce territoire vers Metz est difficile.**

....
....
....
....
....
....

6 Doc. 1 à 3 **Justifiez l'affirmation suivante :** ***Les conditions de vie dans le périurbain sont variées.***

....
....

Je fais le point sur... Le périurbain, une nouvelle manière d'habiter la ville

→ ***Complétez la synthèse suivante.***

La périurbanisation = des territoires inégalement intégrés dans les bassins de vie métropolitains.

Des mobilités adaptées	**Un mouvement dynamique**	**Des lieux parfois en difficulté**
Des moyens de transport à l'échelle des aires urbaines :	Une part importante de la population française (doc 1) :	Des nuisances environnementales : ....
Autre aménagement pour limiter l'usage de la voiture :	Un habitat conforme aux besoins d'espace des périurbains :	Des intercommunalités à l'écart de la gouvernance métropolitaine. Exemple : ....

ÉTUDE 3

Aménager l'urbain pour un développement durable

CAPACITÉS
- **Identifier** les acteurs intervenant dans l'aménagement d'un territoire périurbain.
- **Questionner** des documents pour conduire une analyse géographique.
- **Confronter** des points de vue sur un aménagement périurbain en exerçant son esprit critique.

La croissance des métropoles consomme de l'espace. Comment aménager durablement ces territoires pour concilier la qualité de vie des citadins et les activités traditionnelles ?

1 Habiter la périphérie et l'espace périurbain nantais

Doc. 1 L'intérêt d'habiter à distance du centre-ville selon un promoteur immobilier

Plus on s'éloigne de Nantes, plus les terrains vont être abordables. De 120 à 180 € le m² pour la troisième couronne de Nantes. Quand on accède à la propriété pour la première fois, [...] c'est l'achat en 3e couronne* qui permet le plus efficacement de répondre au besoin [...]. Elle se compose de villes agréables à vivre pour leur environnement tranquille avec plus de verdure. Cette qualité de vie attire les familles pour offrir à leurs enfants un autre environnement : plus calme, plus sécurisé et loin de la pollution visuelle et sonore. [...] Elles sont souvent équipées d'établissements scolaires : écoles, collèges et lycées [...] et sont bien desservies par les transports en commun pour accéder à la métropole.

* Zone périurbaine éloignée du pôle urbain central, en limite du rural isolé.

« Faire construire en 3e couronne nantaise », blog du promoteur immobilier Macoretz Scop, www.macoretz.fr, mars 2018.

1 Doc. 1 **Soulignez dans le texte les multiples atouts offerts par les espaces périurbains selon ce promoteur immobilier :**
- en rouge, les atouts économiques liés à un relatif éloignement de la métropole ;
- en bleu, les atouts liés à la qualité des services de la vie quotidienne ;
- en vert, les atouts liés à la qualité de l'environnement.

Doc. 2 Des « PEAN » pour répondre aux conflits d'usage

Après l'abandon du projet aéroportuaire, le département a proposé à la commune de Notre-Dame-des-Landes d'intégrer les espaces agricoles et naturels ainsi libérés au « périmètre de protection des espaces agricoles et naturels périurbains » (PEAN) existant. [...] Les bénéfices attendus : [...]
- protéger durablement les espaces agricoles et naturels situés aux portes de l'agglomération, et maîtriser ainsi l'étalement urbain ; [...]
- mettre en valeur les paysages, préserver les milieux aquatiques, favorables à la biodiversité, par le maintien d'une agriculture viable.

L'Écho des fontaines, magazine municipal de Grandchamp-des-Fontaines, n° 96, septembre-décembre 2019.

Au total, 21 200 ha sont préservés de l'urbanisation.

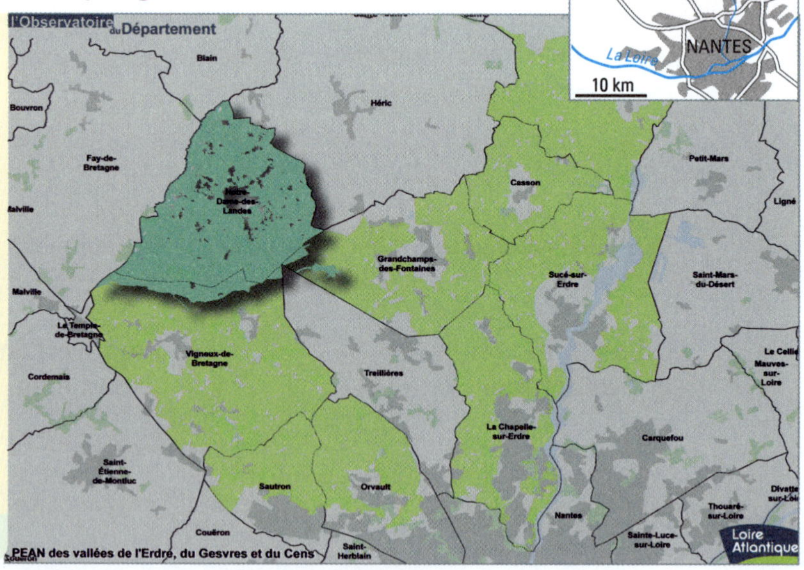

2 Doc. 2 **Complétez le tableau afin de mettre en évidence l'intérêt d'un PEAN dans un conflit d'usage.**

Acteur à l'initiative du PEAN	Aménagement initialement prévu	Acteurs bénéficiaires du PEAN
....	....	– ....
....	....	– ....

Doc. 3 Le quartier éco-conçu de la Fleuriaye à Carquefou au nord de Nantes

Outre ses 600 logements passifs et 15 000 m² de panneaux photovoltaïques (d'ici 2025), le quartier bénéficie d'activités tertiaires et d'équipements de loisirs. À gauche, un centre équestre à 800 m de l'Erdre.

#carte interactive
foucherconnect.fr/20hgc028

3 Doc. 3 **Indiquez dans chacune des catégories du tableau ci-dessous un aménagement montrant des préoccupations environnementales dans la conception de ce quartier.**

Maintien de la biodiversité	Contribution à la Transition énergétique	Maîtrise de l'étalement par l'habitat	Présence d'activités variées
....	....	....	....
....	....	....	....

Doc. 4 Le quartier « Bout des Landes »

Situé à la périphérie nord de l'agglomération, le quartier fait l'objet d'une opération de renouvellement urbain : création d'une nouvelle offre de 210 logements en locatif ou en accession à la propriété.

4 Doc. 4 **En respectant la numérotation proposée, repérez sur la photographie des exemples illustrant les différents types d'habitat de ce quartier :**

- un habitat collectif ❶
- un habitat individuel récent ❷
- un habitat ancien ❸

5 Doc. 4 **Qu'en déduisez-vous à propos de la mixité sociale de ce quartier rénové ?**

....

2 La recherche d'un équilibre par l'aménagement

Doc. 1 Les conséquences de l'étalement urbain

En France, chaque jour, 236 000 m² de sol sont artificialisés par l'urbanisation et la construction d'infrastructures*. Les sols fertiles sont les plus touchés puisque depuis 2009, 90 % de l'artificialisation s'est faite à leurs dépens. Ce très inquiétant constat concerne en premier lieu les zones où l'agriculture était jusqu'alors bien implantée et où la pression foncière est la plus forte, c'est-à-dire le périurbain. [...] Face à cette situation, des outils de gestion et de planification foncières ont été mis en place, en particulier dans le cadre de la loi du 13 décembre 2000 relative à la solidarité et au renouvellement urbains (SRU), comme les plans locaux d'urbanisme (PLU) et les Schémas de cohérence territoriale (SCoT), mais avec des résultats qui apparaissent encore insuffisants.

* Logements : 41,9 % des terres artificialisées, espaces de services et de loisirs : 16,2 %, routes : 27,8 %.

P. Mayol et É. Gangneron, *L'agriculture urbaine : un outil déterminant pour des villes durables*, Conseil économique, social et environnemental, www.lecese.fr, juin 2019.

1 Doc. 1 **Complétez le schéma ci-dessous afin de mettre en évidence un effet de la périurbanisation.**

Urbanisation / périurbanisation = Construction de .... et de .... → .... des sols fertiles → Recul de l'agriculture

2 Doc. 1 **Citez les outils de planification permettant aux aménageurs de contrôler l'étalement urbain.**

....

....

....

Doc. 2 Un extrait de l'infographie « Quelles villes pour demain ? » éditée par l'ADEME

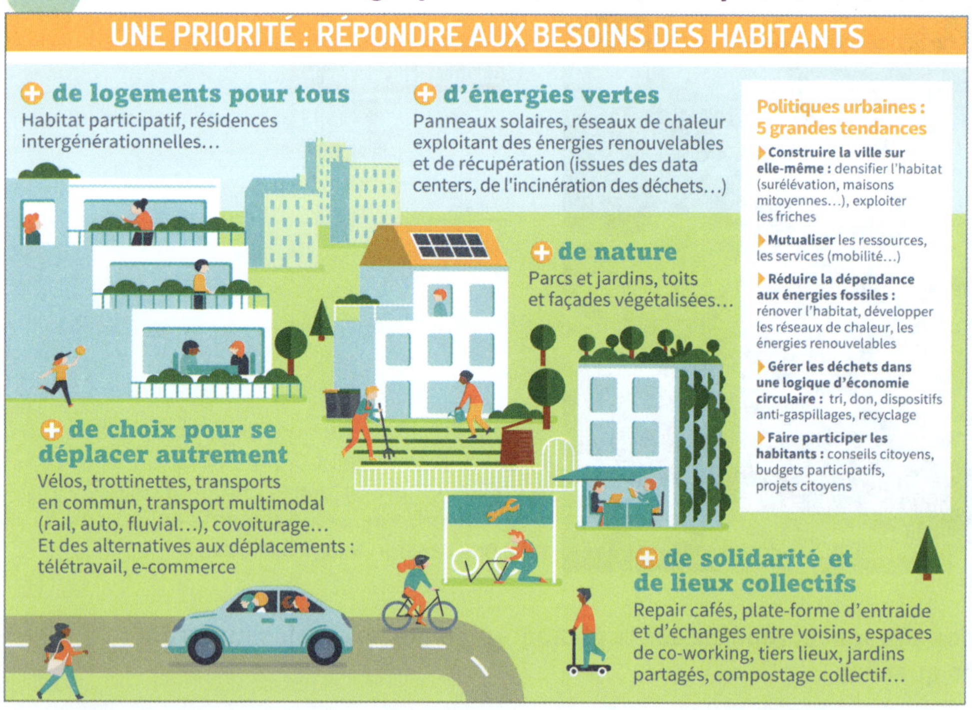

3 Doc. 2 **Identifier les principales actions prioritaires pour répondre aux besoins des habitants selon l'ADEME.**

....

....

....

....

....

....

....

....

....

....

4 Doc. 1 et 2 **À l'aide de vos connaissances, donnez deux exemples d'aménagement visant à préserver des espaces verts dans la ville.**

....

....

Doc. 3 L'écopôle de Sénart à 35 km de Paris, une nouvelle génération de zone d'activités

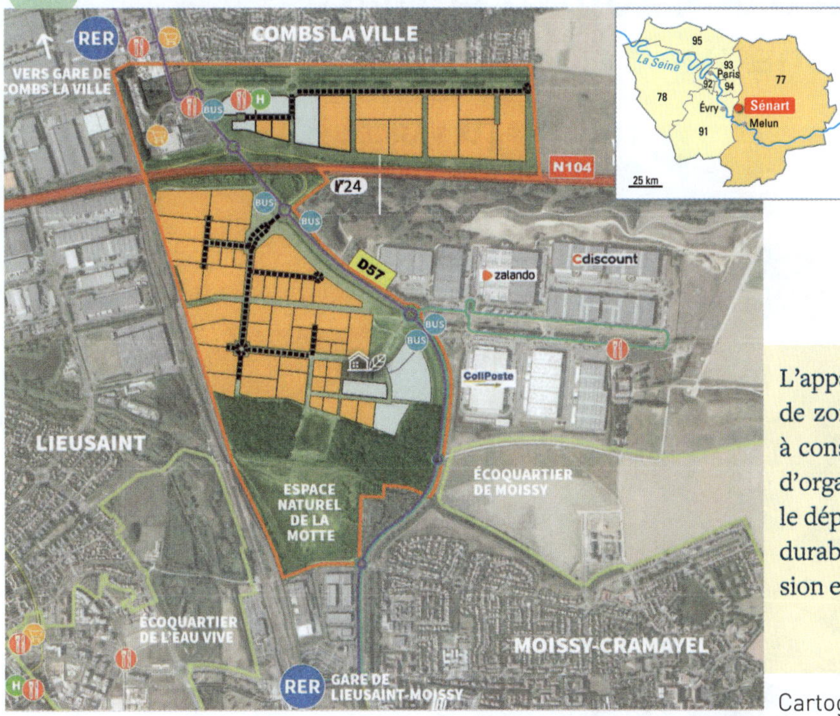

Légende

- Écopépinière
- Lignes de bus
- Arrêt de bus
- Écoquartier en développement
- Limites du parc

Offre foncière

- Parcelles disponibles
- Parcelles commerciales

L'apparition progressive et récente de nouveaux concepts de zone d'activités économiques (ZAE) est un phénomène à considérer. [...] On observe la volonté clairement affichée d'organiser, en France et ailleurs en Europe, des sites dont le déploiement s'appuie sur des principes de développement durable. [...] Elles peuvent concerner par exemple l'extension en étages, correspondant à une volonté de densification.

Brochure *Zones et parcs d'activités économiques en Île-de-France*, www.iau-idf.fr, octobre 2018.

Cartographie EPA Sénart Communication - L. Descloux.

5 Doc. 3 **En utilisant le code couleur proposé, entourez sur le plan :**

- ☐ Deux zones d'habitat proches de l'écopôle
- ☐ Une zone réservée au maintien de la biodiversité
- ☐ Des zones d'emploi
- ◯ Des infrastructures assurant une liaison avec Paris

6 Doc. 3 **Justifiez l'affirmation suivante à propos de cette zone d'activités, développée par l'État et la communauté d'agglomération Grand Paris Sud : *l'écopôle de Sénart forme un nouveau bassin de vie durable.***

....

....

Je fais le point sur… Aménager l'urbain pour un développement durable

→ ***Complétez la synthèse suivante.***

Les aménagements urbains : des villes tournées vers le développement durable et la qualité de vie.

Des bassins de vie plus écologiques et équitables	**Des aménagements en cœur de ville pour limiter l'impact environnemental**	**Des territoires préservés de l'artificialisation des sols et des conflits d'usage**
Un écoquartier et/ou un quartier de mixité sociale :	Des aménagements pour limiter la consommation d'énergie :	Une activité menacée : ....
Une zone d'activité durable en périurbain :	Des aménagements pour préserver la biodiversité :	Des documents d'urbanisme pour planifier l'étalement : ....

La promotion d'une zone d'activités par la communauté d'agglomération de Roanne

CHOISISSEZ LE PARCOURS QUI VOUS CONVIENT LE MIEUX

Doc. 1 Le parc d'activités des Oddins

PARC DE BASSIN DE VIE

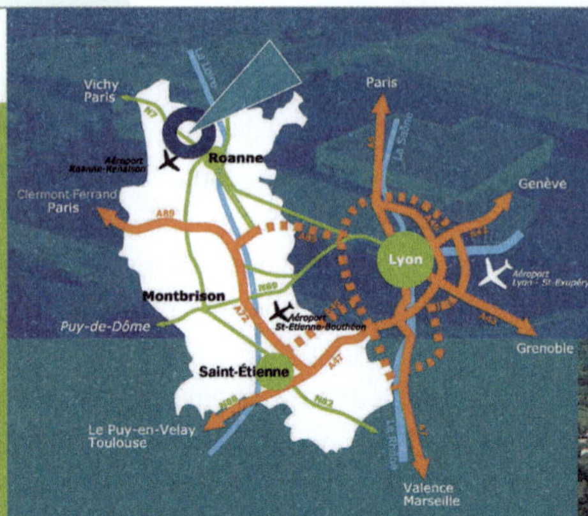

communauté d'avenirs roannais agglomération

PARC D'ACTIVITÉS

LES ODDINS

ACCUEIL PME ET ACTIVITÉS ARTISANALES

Surface totale : 6,9 ha
Surface disponible : 1.6 ha
Prix indicatif HT/m² : 13 €

UNE OFFRE DE QUALITÉ AU NORD DU DÉPARTEMENT

Accès direct sur la RN7 par un échangeur, Roanne à 15 minutes
À 25 minutes de l'A89/A72
À 1 h 30 de la gare TGV du Creusot

Au nord du département de la Loire, le parc d'activités des Oddins est implanté sur la commune de Saint-Germain-Lespinasse.
Ce site, dédié à l'accueil de PME et aux activités artisanales, bénéficie, dans un environnement rural, de la proximité de l'agglomération roannaise.

PRINCIPALES ENTREPRISES PRÉSENTES SUR LE PARC D'ACTIVITÉS

ENTREPRISES	ACTIVITÉ	EFFECTIFS
Brisebras	Fabrication d'agencement de véhicules de loisirs et professionnels	1 à 19
Hubert Colas	Atelier découpe de viande	1 à 19
Khalifa	Confection textile	1 à 19
Mazille	Garage - Station de lavage	NC
Menuiserie & Co	Menuiserie	1 à 19
TC Mailles	Tricotage à façon	1 à 19
Textilmark	Sérigraphie	NC

TÉMOIGNAGE

Jacques BRISEBRAS,
Société BRISEBRAS AGENCEMENT,
Saint-Germain-Lespinasse

« Comme nous le souhaitions, nous avons pu nous installer sur le bord de la RN7 et à proximité de Roanne. L'environnement campagnard nous convient parfaitement ainsi qu'à notre clientèle. Les abords sont faciles car nous sommes bien situés, à proximité d'une bretelle de sortie.
La zone correspond donc parfaitement à nos attentes. »

LABEL qualité LOIRE

saint-germain-lespinasse.com, janvier 2020.

PARCOURS autonome

→ Indiquez le but de cette publication éditée par la communauté d'agglomération de Roanne.

Rédiger

→ À partir du document et des connaissances acquises sur ce thème, expliquez comment les acteurs de l'aménagement mobilisent les territoires périurbains pour assurer leur développement économique.

PARCOURS **accompagné**

Doc. complémentaire **Extrait du site de la communauté d'agglomération *Roannais agglomération***

« L'agglomération roannaise regroupe 40 communes et totalise plus de 100 000 habitants, intégrant des secteurs urbains, périurbains et plus ruraux, dans un ensemble cohérent et solidaire autour de la ville-centre ».

www.aggloroanne.fr, février 2020.

1 → **Nommez la commune dans laquelle ce parc est localisé ainsi que l'intercommunalité qui le gère.**

....

2 → **Proposez une raison à la volonté de cette intercommunalité de développer une zone d'activités à distance de la ville.**

....

....

3 → **Parmi les affirmations suivantes, validez celles qui correspondent à l'argumentation mise en avant par les promoteurs du parc des Oddins pour séduire les investisseurs.**

- ❑ Le parc des Oddins est isolé en zone rurale afin d'offrir de meilleures conditions de circulation.
- ❑ Le parc des Oddins est connecté aux grandes métropoles par un réseau routier de qualité.
- ❑ Le parc des Oddins est relié à Roanne et aux communes de son département par la voie ferrée.
- ❑ Le parc des Oddins est ouvert à l'international par des infrastructures performantes.

→ **Justifiez votre réponse en citant des exemples d'aménagements utiles aux entreprises de ce parc.**

....

4 → **Pour chacun des points ci-dessous, formulez un avantage qu'une entreprise peut trouver à s'implanter dans un parc d'activités situé en troisième couronne périurbaine.**

Les atouts du foncier : ....

L'attractivité de l'environnement : ....

5 → **Afin de résumer les enjeux de l'aménagement d'une zone d'activités périurbaine, rassemblez les principaux éléments recueillis à l'occasion de cette étude dans le tableau ci-dessous.**

Intérêt du parc d'activités pour le territoire	....
Intérêt du site pour une entreprise	....
Intérêt de la situation géographique pour une entreprise	....
Aménagements utiles au développement économique	....

JE RETIENS

La recomposition du territoire urbain en France : métropolisation et périurbanisation

Des territoires urbains métropolisés

• **À l'échelle des métropoles, la mondialisation agit comme un puissant facteur de recomposition**. Les centres-villes sont de plus en plus connectés au monde en raison de la concentration des fonctions supérieures et décisionnelles dans la finance, l'administration et la gestion des entreprises transnationales.

• **Le paysage des grands pôles urbains se renouvelle** avec l'émergence de quartiers à l'architecture futuriste (tours, design innovant). Ces activités attirent une population de plus en plus nombreuse de sorte que la ville, après s'être densifiée, s'étale sur l'espace rural proche : les espaces périurbains accueillent des équipements modernes, mais aussi des zones d'activités et des quartiers résidentiels reliés par de véritables autoroutes urbaines.

Le périurbain, une nouvelle manière d'habiter la ville

• **La métropolisation conduit à la formation de vastes aires urbaines**. La périurbanisation est alors nourrie par l'afflux de population rurale éloignée des pôles urbains et par le désir de citadins d'habiter à la campagne, plus accessible financièrement. Elle concerne des catégories socioprofessionnelles variées et donne lieu à des formes caractéristiques : les lotissements pavillonnaires.

• **Tournée vers le pôle urbain, la population périurbaine en adopte les modes de vie**, y exerce souvent sa vie professionnelle et ses loisirs. Cela génère d'importantes mobilités dans les aires urbaines (notamment en automobile). Si certains espaces périurbains sont dynamiques et attirent des entreprises, d'autres voient leur activité et leur population se réduire.

Aménager l'urbain pour un développement durable

• **Les dynamiques d'étalement urbain autour des grandes métropoles interrogent le développement durable de ces territoires**. C'est pourquoi les acteurs de l'aménagement s'engagent dans des politiques territoriales répondant aux objectifs de développement durable. Ils réservent des espaces verts au cœur des zones à forte densité, équipent des bâtiments en énergies renouvelables, multiplient les écoquartiers, y maintiennent la mixité sociale.

• **Ces politiques visent aussi à préserver l'environnement**, par exemple en limitant la pollution de l'air et l'artificialisation des sols et en veillant à éviter les conflits d'usage. De nouvelles zones d'activités périurbaines, mêlant des espaces industriels, résidentiels et commerciaux, se développent afin de réduire les besoins en mobilité.

mémo > AUDIO

foucherconnect.fr/hgc029

Mots-clés

- **Aire urbaine** : ensemble de communes constitué d'un pôle urbain (unité urbaine qui offre plus de 1 500 emplois) et des couronnes périurbaines.
- **Conflit d'usage** : conflit entre des acteurs dont l'enjeu est l'appropriation d'un espace ou d'une ressource.
- **Espace périurbain** : espace aux formes d'habitat diversifiées, dont au moins 40 % des actifs travaillent dans un pôle urbain.
- **Espace rural** : espace de faible densité dont le paysage est dominé par la végétation et l'agriculture.
- **Objectifs de développement durable (ODD)** : adoptés par l'ONU en 2015, les 17 ODD déterminent le programme de développement durable à l'horizon 2030.

JE MOBILISE MES CONNAISSANCES

Complétez le schéma ci-dessous en vous aidant des informations contenues dans le thème.

 # vidéo
Commissariat général à l'égalité des territoires : le Lab périurbain
- 1,30 min
foucherconnect.fr/20hgc030

② Une périurbanisation dynamique

Une attractivité exercée sur différentes populations :

....

....

– Un habitat caractéristique :

....

– Des aménagements pour accompagner les mobilités :

....

③ Un étalement urbain insuffisamment maîtrisé

– Des conflits d'usage liés à une concurrence territoriale :

....

– Des effets néfastes sur l'environnement : ....

....

– Des pôles urbains en perte de vitesse au profit de leur couronne : ....

....

① Une métropolisation liée à la mondialisation

– Des exemples de villes métropolisées à la tête de vastes aires urbaines :

....

– Des fonctions métropolitaines supérieures concentrées dans le pôle urbain central :

....

– Des quartiers transformés, symboles de la puissance :

....

④ Des aménagements pour un développement durable

– Des réalisations pour préserver l'environnement dans les métropoles et les espaces périurbains :

....

– Des dispositifs pour contrôler l'artificialisation des sols :

....

– Un programme de développement durable à l'horizon 2030 adopté par l'ensemble des États membres de l'ONU :

....

La logistique, une filière indispensable au fonctionnement des villes

Doc. 1 Le marché d'intérêt national (MIN) du Val de Loire

Situé à proximité du centre-ville d'Angers, le MIN du Val de Loire est un marché de gros alimentaire réservé aux professionnels du commerce de produits frais. C'est le lieu où les producteurs locaux écoulent leur production. 18 grandes agglomérations françaises disposent d'un MIN, le plus important étant celui de Rungis.

1 Doc. 1 **En utilisant des couleurs variées, repérez directement sur la photographie : l'agglomération d'Angers, les lieux d'entreposage et de commercialisation, et les voies d'accès au MIN.**

Doc. 2 La provenance des acheteurs du MIN d'Angers en 2018

Départements	Nombre d'acheteurs	Territoire du MIN
Maine-et-Loire	1 565	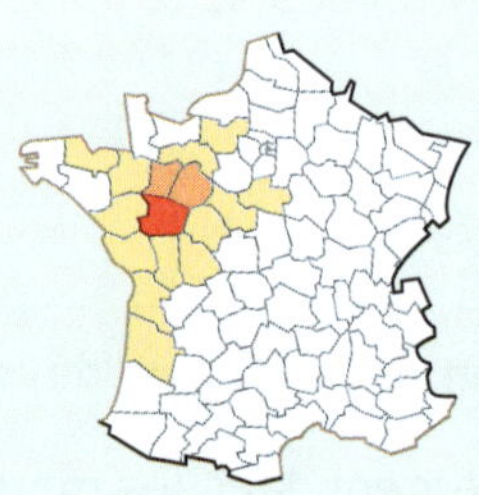
dont Angers	*865*	
Sarthe	56	
Mayenne	47	
Autres	57	
Total	1 725	

Rapport d'activité 2018 du MIN d'Angers, présenté sur le site Internet de la société gestionnaire du site, www.sominval.fr, 2019.

2 Doc. 2 **Justifiez l'affirmation ci-dessous.**

Le marché d'intérêt national du Val de Loire est indispensable à la vie économique du Grand Ouest.

....

....

....

....

....

....

....

3 **À partir de vos connaissances, des documents ou du lien donné par le QR-code ci-contre, dressez la liste des métiers du secteur de la logistique indispensables pour assurer les flux entrants et les flux sortants du MIN d'Angers.**

....

....

....

 # lien
Les métiers et l'emploi dans le transport et la logistique
foucherconnect.fr/20hgc031

Enquêter : ma filière professionnelle sur son territoire

1 **Complétez le tableau ci-dessous afin de mettre en évidence le poids de votre filière professionnelle sur le territoire de l'établissement.**

Ma spécialité de Bac pro	....	
Les différents métiers dans ma filière professionnelle	....	
Des exemples d'entreprises ou de services de la filière, à proximité de mon établissement	Dénomination	Communes d'implantation
	....	....
Les offres d'emploi dans mon secteur d'activité → Recherchez des données sur Internet (Pôle emploi, CCI, chambre des métiers...) Exemple :	Les offres dans la zone d'emploi, le département, la région	Un exemple d'offre d'emploi
# lien Pôle emploi **foucherconnect.fr/**20hgc032	Nombre : .... Type de contrat :	Métier demandé : .... Lieu : .... Compétences requises : ....

 # lien
Sites
foucherconnect.fr/20hgc033

2 **Présentez la situation géographique d'un site productif.**
À partir des sites **edugeo.fr** ou **geoportail.gouv.fr**, réalisez une capture d'écran d'un lieu sur lequel vous avez effectué (ou effectuerez) l'une de vos périodes de formation en milieu professionnel. Vous tracerez ensuite directement sur le document les principales voies d'accès à ce site.

Photographie aérienne, carte ou image satellite de...	**Légende à construire**
....	....

Analyser un paysage urbain
à partir d'une image satellite pour réaliser le croquis d'un aménagement

Ville portuaire, La Rochelle a connu un développement économique important. La population de l'aire urbaine est passée de 150 000 à 216 000 habitants entre 1975 et 2016.
Comment l'aménagement d'une zone de loisirs a contribué à l'attractivité et à l'étalement urbain ?

1 Je rassemble mes connaissances pour expliquer

1 **Après avoir repéré la Rochelle sur la carte page 66, expliquez comment évolue la population de la couronne urbaine de cette agglomération.**

....

....

2 **En tenant compte de leur situation géographique, rappelez quels sont les facteurs d'attractivité des métropoles comme La Rochelle.**

– ....

– ....

– ....

3 **Complétez le tableau ci-dessous en donnant des exemples d'aménagements urbains qui contribuent à la qualité de vie des nouveaux résidents et des usagers du territoire.**

Pour l'habitat	....
Pour les mobilités quotidiennes	....

2 Je réalise un croquis

Les règles

Titre	Il donne une réponse courte à la problématique.
Légende	La légende fournit la traduction des caractères graphiques utilisés. Elle doit être lisible et ordonnée de manière à faciliter la compréhension rapide des phénomènes importants.
Orientation	Elle doit être précisée dès lors que la partie haute du croquis n'indique pas le Nord.
Échelle	L'échelle donne les dimensions du territoire étudié. Elle peut être graphique ou numérique. *Exemples* : 1 : 10 000, ou 1 cm = 100 m, ou 0____100 m.

Le langage du croquis

Types de figuré	Moyens graphiques	Représentations
Les figurés de surface	▮ ▮ ▮ ▮ ou ▨ ▨ ▨	Zone dédiée à une utilisation particulière, plus ou moins intense, de l'espace : agriculture, industrie…
Les figurés ponctuels	⚓ □ △ ▽ ◇ ☆ ● 🏊	Localisation précise d'un lieu : ville ou centre-ville
Les figurés linéaires	→ ⇄ ⟷	Frontière, limite, trajet Flux, axe de transport, interface

3 J'analyse l'évolution d'un paysage

4 Délimitez directement sur l'image les contours des éléments indiqués ci-dessous.
- En jaune, le port de plaisance.
- En vert, les zones livrées à l'agriculture et à la biodiversité.
- En bleu, les grandes zones urbanisées et artificialisées.

5 Tracez les principaux axes de communication au cœur de la zone urbanisée.

6 En prenant appui sur la carte de 1950, hachurez en bleu sur le document 1, les zones gagnées par l'étalement urbain entre les deux dates.

7 Repérez par un figuré adapté :
- l'ancien port et ses deux bassins présents sur la carte de 1950 ;
- la zone de loisirs développée autour du nouveau port de plaisance.

8 La « loi littoral » de 1986 interdit l'urbanisation des côtes sur une bande de 100 m à partir du front de mer. Hachurez en jaune la zone, au sud du port, préservée de l'urbanisation par cette loi.

Doc. 1 L'urbanisation au sud de La Rochelle

 # lien
Image satellite
foucherconnect.fr/20hgc062

Doc. 2 La carte de 1950

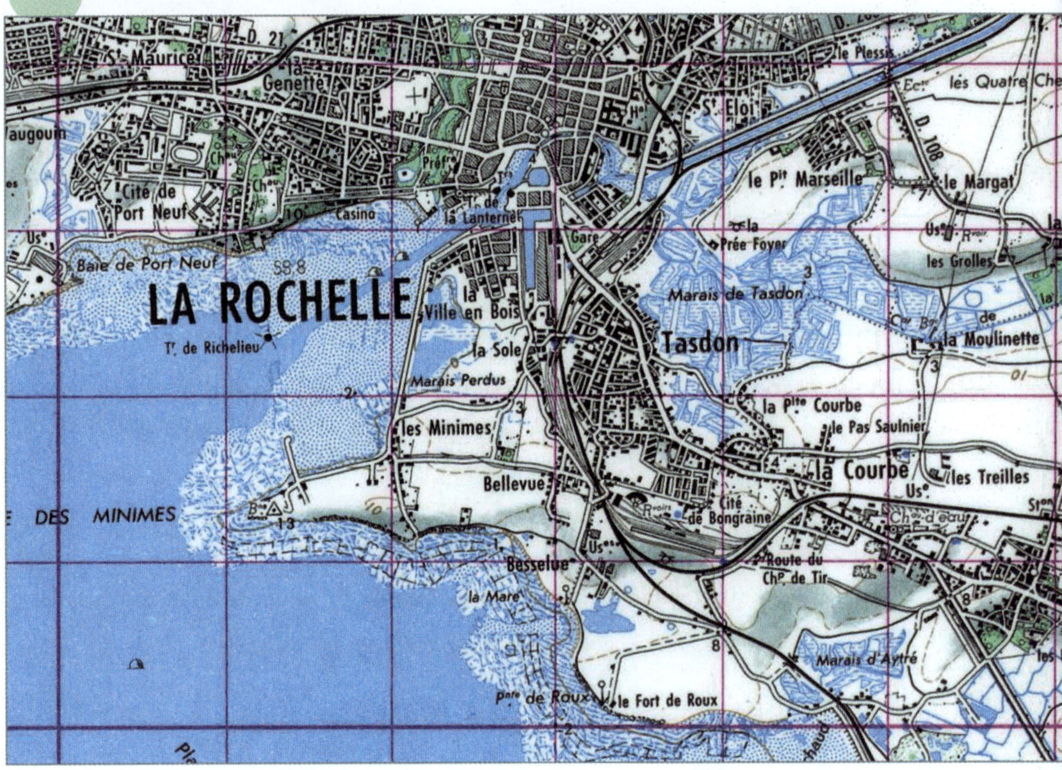

remonterletemps.ign.fr, 2020.

4 Je complète le croquis et sa légende...

... pour répondre à la question suivante

Comment l'aménagement d'une zone de loisirs a contribué à l'attractivité et à l'étalement urbain ?

Titre : ....

Un littoral partiellement aménagé en 1950

⚓	Le port ancien et ses bassins
	L'espace urbanisé en 1950
	Les espaces verts : agriculture et marais

Un développement urbain favorisé par l'aménagement d'une zone de loisirs

	Le nouveau port de plaisance aménagé en 1972
	La zone de loisirs
	L'espace urbanisé depuis 1950
→	L'étalement urbain et le recul des espaces agricoles et des espaces naturels
	Les terres agricoles préservées par la loi littoral

Des voies et aménagements d'accès à la zone de loisirs

○	Ronds-points proches de la zone de loisirs
- - - - -	Axes de communication principaux

La métamorphose de l'espace périurbain de Grenoble en BD

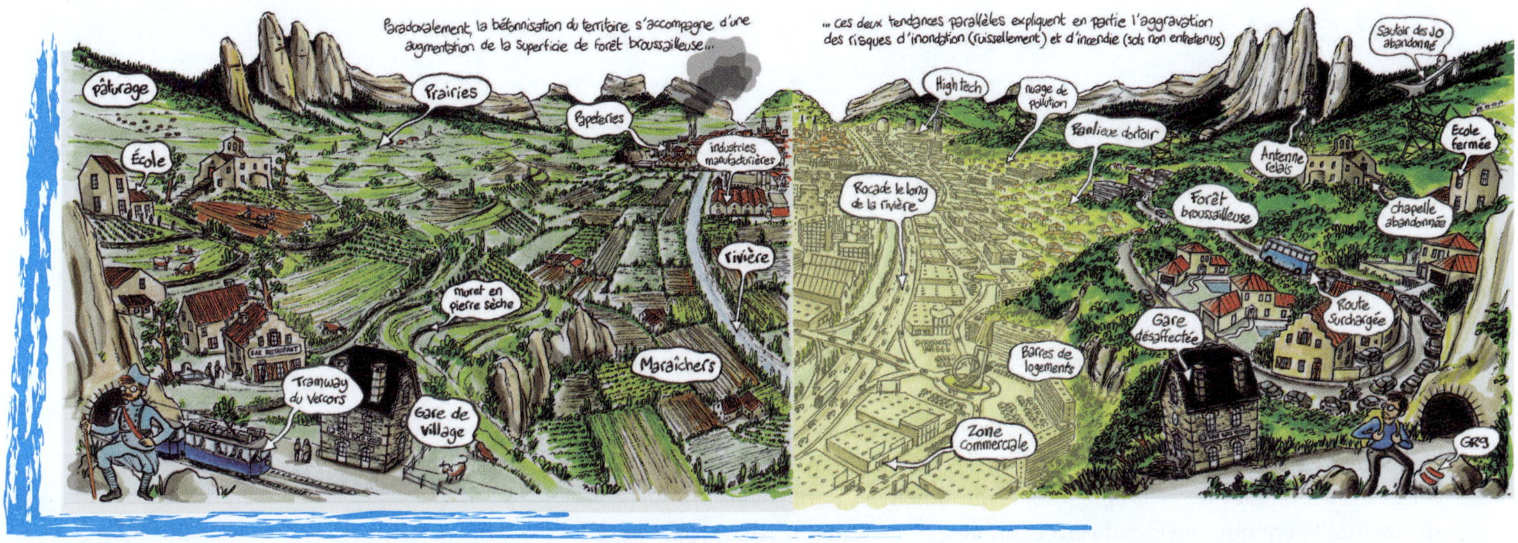

Vito, *Palimpseste. Un regard sur la France contemporaine*, Éditions Nomades, novembre 2018.

Né à Lille en 1982, Vito s'oriente d'abord vers l'architecture et l'urbanisme. Depuis 2015, il se consacre pleinement au dessin en s'inspirant de la géographie du quotidien.

1 **Exprimez l'effet produit par la symétrie des paysages voulue par le dessinateur.**

....

....

2 **Proposez une interprétation des couleurs choisies pour représenter les zones d'activités et les espaces verts en 1918 et en 2018.**

....

....

....

....

....

....

3 **Donnez deux exemples d'équipements devenus inutiles entre 1918 et 2018.**

....

....

4 **En quelques lignes, dites quel est, selon vous, le regard porté par l'artiste sur la « métamorphose des paysages périurbains ».**

....

....

....

J'ÉVALUE MES COMPÉTENCES...

CAPACITÉS MOBILISÉES
- Questionner un document pour conduire une analyse géographique.
- Confronter le savoir acquis en géographie avec ce qui est lu.
- Exercer son esprit critique.

Géographie THÈME 1

La recomposition du territoire urbain en France : métropolisation et périurbanisation

> À l'issue de l'étude du thème, je révise et je m'entraîne sur des capacités du programme.

J'analyse un document et je le replace dans le contexte du thème

Doc. 1 Le Finistère, premier territoire départemental *smart grid**

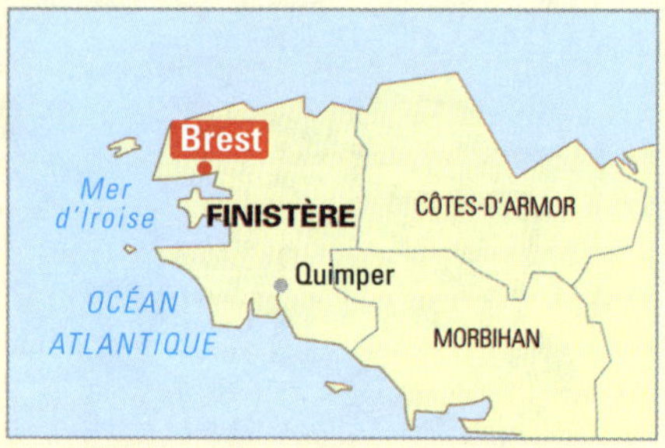

Service public de distribution de l'électricité, du gaz, de l'éclairage public, des réseaux de chaleur et de froid, ainsi que des communications électroniques auprès de 269 communes sur les 277 que compte le département du Finistère, le Syndicat départemental d'énergie et d'équipement du Finistère (SDEF) vient de proposer aux collectivités périurbaines et rurales de l'ensemble du département, en dehors de la métropole de Brest, un projet de territoire connecté. Une première en France, à l'échelle d'un département, portée par un syndicat d'énergie. Après Dijon, Lyon, Issy-les-Moulineaux..., le concept des villes et métropoles connectées commence à s'étendre sur l'ensemble de l'Hexagone. Mais aucun projet n'intègre vraiment les territoires ruraux voisins, souvent en reste en matière d'accès aux technologies censées améliorer le quotidien des périurbains [...] Le projet de territoire intelligent qui sera étendu aux communes adhérentes du SDEF par l'intermédiaire de marchés à bon de commande permettra de gérer et optimiser l'éclairage public, suivre les places disponibles sur les parcs de stationnement publics, télérelever les compteurs des bâtiments publics et la consommation d'eau potable, suivre le remplissage des points d'apport volontaire et les circuits de collecte de déchets, mais aussi contrôler la qualité de l'air et améliorer la gestion et le confort des bâtiments.

**Smart grid* = réseau électrique intelligent.

Y. Sourisseau, « *Le Finistère, premier territoire départemental "smart grid"* », article extrait du webmagazine *Ville intelligente*, villeintelligente-mag.fr, février 2020.

Doc. 2 La mise en œuvre de l'objectif de développement durable 7, « Énergie propre et d'un coût abordable », par la France

Pour la France, allier indépendance énergétique et énergies renouvelables à un coût raisonnable constitue un enjeu majeur. Elle se fixe ainsi pour objectif de doubler la part de sa consommation énergétique finale couverte par les énergies renouvelables d'ici 2030. De nombreuses politiques publiques sont mises en œuvre pour encourager la sobriété et l'efficacité énergétique (bâtiments certifiés basse consommation et haute qualité environnementale, véhicules propres...) ainsi que l'utilisation d'énergies renouvelables. Ces efforts se concentrent sur les secteurs de l'industrie, des transports et du bâtiment.

Extrait de la page « ODD7 - Garantir l'accès de tous à des services énergétiques fiables, durables et modernes, à un coût abordable » du site *L'Agenda 2030* de la France (agenda-2030.fr), février 2020.

1 Doc. 1 **Présentez le document (nature, source, auteur, date), puis soulignez dans le texte l'ensemble des acteurs concernés par le projet d'aménagement *smart grid*.**

....

....

2 Doc. 1 **Relevez les différents aspects du projet piloté par le Syndicat départemental d'énergie et d'équipement du Finistère que permet d'identifier ce document.**

Objet de l'aménagement	Former un territoire ....
Territoire concerné	Département du Finistère.
Collectivités territoriales associées au projet	– .... – ....
Objectifs visés par le projet	– Gérer : .... – Télérelever : .... – Contrôler : ....
Enjeux d'avenir pour les habitants du territoire	....

3 Doc. 1 **À partir de vos connaissances, donnez un exemple de dérive possible dans le fonctionnement de ce type de réseau numérique.**

....

....

4 Doc. 2 **Indiquez, d'après vos connaissances, par qui ont été adoptés les « Objectifs de développement durable » (ODD) auxquels se réfère l'Agenda 2030 de la France.**

....

....

5 Doc. 1 et 2 **Expliquez en quelques lignes comment le projet *smart grid* du département du Finistère sert aussi, sur le long terme et à petite échelle, l'objectif de développement durable n° 7.**

....

....

....

....

....

....

....

....

THÈME 2 Géographie

L'Afrique, un continent en recomposition

Du fait de la mondialisation, l'Afrique connaît de profondes mutations mais celles-ci n'opèrent pas de la même manière partout et le développement n'est pas homogène sur le continent.
Quelles sont les nouvelles dynamiques spatiales ?

Je DÉCOUVRE

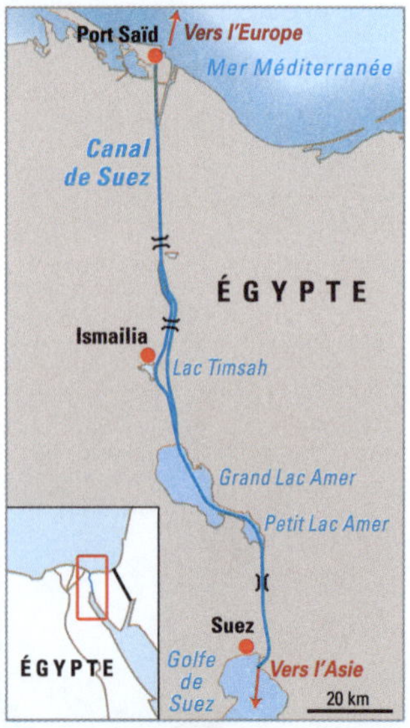

Une contremaîtresse contrôlant le travail des ouvriers, usine de l'entreprise chinoise Nile Textile Group située dans la zone franche de Port-Saïd en Égypte.

- **Localisez cette photographie.**

....

....

- **Expliquez pourquoi cette image est révélatrice de l'insertion de l'Afrique dans la mondialisation.**

....

....

....

....

Je me REPÈRE

Complétez la légende et entourez l'Égypte évoquée dans la page précédente.

- ☐ PMA (pays les moins avancés)
- ☐ Pays émergents
- Région du Maghreb
- Région appelée la corne de l'Afrique

Je COMPRENDS

L'Afrique est engagée depuis une quinzaine d'années dans une nouvelle phase de transformation : poursuite de la transition démographique et urbaine, croissance économique soutenue tirée par un marché intérieur en expansion, hausse des prix des matières premières et regain des investissements extérieurs. Même si la conjoncture récente marquée par des conflits et un ralentissement de la croissance lié à la baisse des cours des produits miniers et pétroliers incite à la prudence, ces changements ont fait passer le continent du risque d'impasse à l'espoir d'émergence. [...]
Le développement fulgurant de la téléphonie, les progrès – encore timides – de l'accès à l'énergie, la construction de grandes infrastructures de transport ou d'irrigation accroissent fortement l'attractivité de certains territoires, parfois au détriment d'autres. L'essor des activités minières et l'attrait d'investisseurs locaux et étrangers pour les terres agricoles les plus fertiles sont souvent mis en avant comme de nouveaux leviers pour le développement.

D. Pesche, B. Losch et J. Imbernon, *Une nouvelle ruralité émergente : Regards croisés sur les transformations rurales africaines, Népal et Cirad*, 2ᵉ éd., 2016.

1 **Soulignez un extrait correspondant à la photographie de la page précédente.**

2 **Cochez la proposition qui résume le mieux l'idée générale de ce texte.**

☐ L'Afrique est marquée par des problèmes de développement récurrents et, malgré des efforts d'investissement, elle reste en marge de la mondialisation.

☐ L'Afrique connaît une croissance globale et des mutations liées à la mondialisation avec une modernisation de l'économie et des usages numériques, une dynamique des investissements étrangers qui soutiennent son développement, en particulier sur certains territoires.

☐ L'Afrique est confrontée à de nombreux défis (démographie, pauvreté de certaines populations, difficultés de stabilité politique, atteintes environnementales, pression des grandes puissances mondiales), mais possède des atouts pour y faire face.

ÉTUDE 1

Les défis du continent africain

CAPACITÉS
- **Identifier** les notions dans une ou plusieurs situations.
- **Situer** quelques ressources stratégiques.

Avec un territoire vaste et une population importante (1,3 milliard d'habitants, deuxième continent derrière l'Asie), l'Afrique connaît une croissance économique, mais reste pauvre. Quels défis lui reste-t-il à relever ?

1 Des atouts

Doc. 1 D'importantes ressources

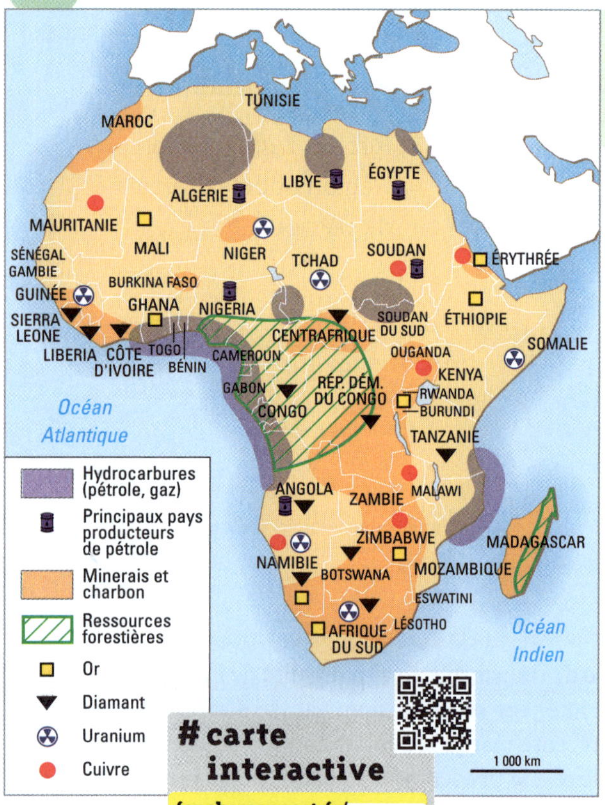

 # carte interactive
foucherconnect.fr/20hgc034

L'Afrique est riche en matières premières (agricoles, énergie, minerais...), mais ces richesses partent sous forme brute pour souvent revenir en produits transformés, toute la valeur ajoutée (transformation) se faisant dans d'autres pays.

1 Doc. 1 Classez les ressources africaines.

....

....

....

2 Doc. 1 Expliquez pourquoi certains espaces sont convoités.

....

....

....

....

3 Doc. 1 Dites pourquoi l'Afrique ne profite pas assez de ses ressources.

....

....

Doc. 2 Certaines avancées dans la gouvernance

D'après les experts, la solution aux problèmes politiques et socio-économiques de l'Afrique se résume en deux mots : bonne gouvernance. Celle-ci devrait assurer aux 54 pays d'Afrique et à son 1,2 milliard d'habitants*, une forte croissance économique, l'éradication de la pauvreté et la prospérité. [...]

Tout commence avec les constitutions nationales, reflet des idéaux démocratiques. De nombreux autres facteurs caractérisent une bonne gouvernance : l'efficacité des instances électorales pour assurer des élections libres et justes, le respect de la règle de droit, l'engagement de la responsabilité, la séparation des pouvoirs (notamment l'indépendance de la justice) et le respect des droits des femmes, des enfants** et des groupes vulnérables, y compris des populations déplacées et des réfugiés. [...]

Dans l'ensemble, la gouvernance en Afrique fait des progrès continus malgré quelques ratés. Les indicateurs montrent que la gouvernance va dans le bon sens.

Les organisations de la société civile n'hésitent pas à se faire entendre et à demander des comptes aux autorités. La justice, les médias, le corps électoral et d'autres institutions s'efforcent également de contribuer à la bonne gouvernance dans de nombreux pays.

On peut donc affirmer avec certitude que l'Afrique progresse lentement mais sûrement.

* 1,2 miliard en 2016, 1,3 en 2020.
** En Afrique, près d'un enfant sur 5 travaille.

Kingsley Ighobor, « Afrique : la maturité démocratique » *Afrique Renouveau*, ONU, août-novembre 2016.

4 Doc. 2 Définissez brièvement l'expression « bonne gouvernance ».

....

....

5 Doc. 2 Soulignez les phrases montrant l'évolution de l'Afrique dans ce domaine.

Doc. 3 Le développement du tourisme

 # vidéo
Tourisme : l'Afrique, une région en plein essor ? - 2,30 min
foucherconnect.fr/20hgc035

 # lien
Site UNESCO (patrimoine)
foucherconnect.fr/20hgc036

© Office du tourisme de la Côte d'Ivoire.

L'Afrique a accueilli 67 millions de visiteurs en 2018, soit 7 % de plus qu'en 2017. Les pays les plus visités sont le Maroc, l'Afrique du Sud, l'Égypte, la Tunisie, le Kenya, la Tanzanie... Le renforcement de la sécurité, la fin de l'épidémie Ebola et le développement des infrastructures (transports, hôtellerie...) ont contribué à ramener des touristes sur le continent.

6 Doc. 3 Indiquez quel est l'auteur de ce document et son but.

....

7 Doc. 3 Listez les arguments touristiques mis en avant dans ce document.

....

....

Doc. 4 La transition démographique, une ressource ?

L'Afrique est dès aujourd'hui confrontée à un défi démographique majeur. Selon les récentes projections des Nations unies, le continent devrait doubler sa population d'ici à 2050, passant d'un milliard d'habitants aujourd'hui à près de 2,4 milliards. Surtout, la moitié de ses habitants aura alors moins de 25 ans, ce qui pose l'urgente question de la capacité de son économie à absorber les millions de nouveaux entrants qui viendront gonfler son marché de l'emploi. [...]
Le dernier rapport de l'Organisation internationale du travail consacré au sujet, daté de 2018, signale ainsi que 94,9 % des personnes entre 15 et 24 ans, en Afrique, travaillent dans l'économie informelle*. Ce chiffre atteint 97,9 % en Afrique de l'Ouest. Si, dans les prochaines décennies, rien n'est fait pour doper la création d'emplois de qualité tout en contenant la croissance démographique, la massification du chômage chez les jeunes ou la multiplication des emplois précaires pourraient constituer un facteur de très forte contestation sociale et de mobilité forcée. À l'inverse, cette transition démographique, si elle est accompagnée de mesures fortes en faveur de la formation et de l'emploi des jeunes, aussi bien du côté des politiques publiques que du secteur privé, est une formidable opportunité de développement pour le continent.

* Économie informelle : ensemble des activités productrices de biens et de services qui échappent à l'organisation ou à la régulation de l'État.

Agence française de développement, 4 juin 2019.

8 Doc. 4 Soulignez en rouge l'évolution de la population africaine à venir.

9 Doc. 4 Soulignez en bleu les risques que pourrait entraîner la transition démographique et en vert les conséquences positives possibles.

2 Mais des fragilités

Doc. 1 Les difficultés du continent africain

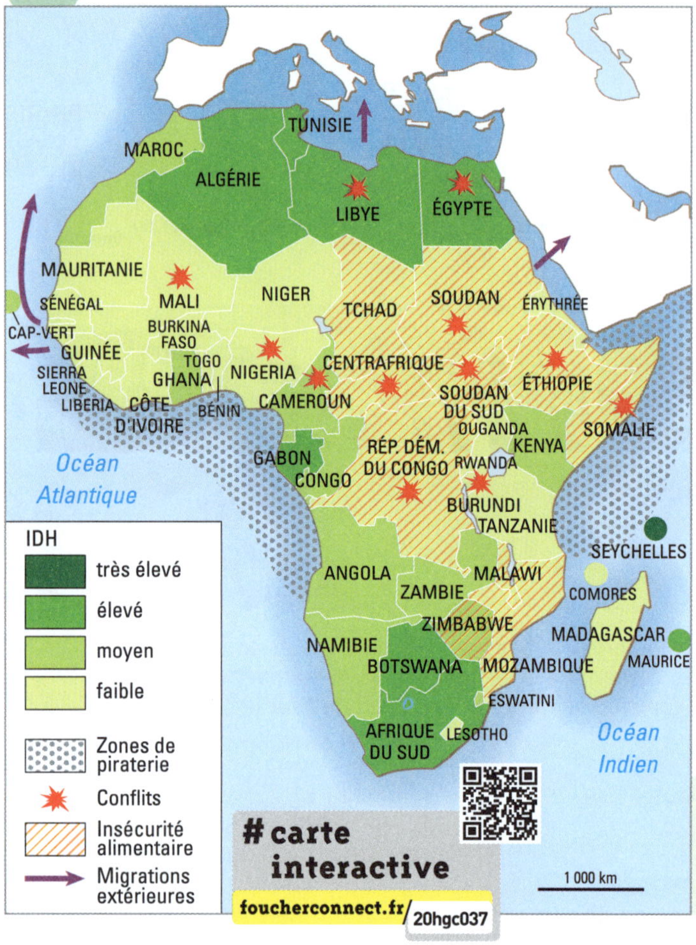

Sur 54 pays, 33 sont des PMA (pays les moins avancés). L'IDH mesure le niveau de développement en prenant en compte des critères de santé-longévité, d'accès à l'éducation et de niveau de vie-revenu.

1 Doc. 1 **Décrivez les niveaux de développement en Afrique.**

....

....

....

....

2 Doc. 1 **Localisez les espaces les plus touchés par :**

– les conflits : ....

....

....

....

– l'insécurité alimentaire : ....

....

....

3 Doc. 1 **Expliquez pourquoi les conflits sont une menace pour le développement.**

....

....

Doc. 2 La corruption freine le développement

« La corruption est un véritable cancer qui tue sur le continent africain. [...] Un petit groupe, un petit clan contrôle l'économie d'un pays et se met au-dessus de la loi. Ce phénomène d'oligarchie se développe avec arrogance. Ces oligarchies ruinent nos pays et se drapent dans la souveraineté nationale pour ne pas rendre compte à leurs propres populations. Ce fléau explique certains sujets brûlants actuels comme les guerres civiles et l'immigration », observe Ahmedou Ould Abdallah*. Et il tient à préciser qu'il ne parle pas ici de la corruption du petit douanier ou du petit policier au coin de la rue, qui n'est que le résultat de la grande corruption des élites dirigeantes jouissant d'une scandaleuse impunité. [...]

Pour lui, la corruption rampante des élites africaines constitue aujourd'hui la plus grande menace sur la paix et la sécurité qui justifie le terrorisme et le radicalisme dans la société africaine. « Il faut que cessent les pillages arrogants et systématiques de nos pays. Des contrats distribués en une journée, sans appels d'offres, qui se concluent par la cession de vastes concessions minières, pétrolières, agricoles et j'en passe. C'est une véritable tragédie. »

*Ahmedou Ould Abdallah : membre fondateur de Transparency International, organisation non gouvernementale qui a pour vocation principale la lutte contre la corruption à travers le monde.

Martin Mateso, *francetvinfo.fr*, 7 mai 2019.

4 Doc. 2 **Résumez l'idée principale du document.**

....

....

Doc. 3 Scène de rue dans la capitale de Bissau en Guinée-Bissau (marché Bandim)

Doc. 4 Récolte de riz au Mali

La population rurale est importante : 35 % en Afrique du Nord, 60 % en Afrique subsaharienne. L'agriculture peine à se développer, confrontée notamment aux problèmes de productivité et de mécanisation. De plus, l'accaparement des terres par l'agriculture industrielle se fait au détriment de l'agriculture familiale.

5 Doc. 3 **Citez des signes du retard de développement visibles sur cette photographie.**

....

....

6 Doc. 3 **Relevez des signes de l'intégration à la mondialisation.**

....

7 Doc. 4 **Identifiez le type d'agriculture et le matériel utilisé. Quelles en sont les limites ?**

....

....

Je fais le point sur… Les défis du continent africain

→ ***Complétez la synthèse suivante.***

Des atouts

- Des matières premières, exemples :

....

....

- L'essor du tourisme avec des avantages : ....

....

- Les progrès politiques : ....

....

....

- Le potentiel humain : ....

....

Mais des difficultés, fragilités

- 33 PMA, retard de développement, exemples : ....

....

....

- Au niveau agricole : ....

....

....

- Au niveau politique : ....

....

- Exportations surtout de .... avec une dépendance de l'extérieur.
- Secteur informel (« marché noir ») et chômage élevé.

ÉTUDE 2

L'Afrique dans la mondialisation

CAPACITÉS
- **Questionner** des documents pour conduire une analyse géographique.
- **Situer** un acteur dans un contexte pour préciser son rôle.

Le poids de l'Afrique dans le commerce international demeure modeste (2,4 % des exportations mondiales en 2017, 3 % des importations), mais il est en croissance.
Quelle est la place des territoires africains dans la mondialisation ?

1 Des échanges en augmentation

Doc. 1 Supermarché Carrefour à Abidjan, Côte-d'Ivoire (ouvert en 2015)

L'enseigne française de grande distribution est présente dans plusieurs pays africains et conquiert de nouveaux marchés face à l'essor de la classe moyenne appelée à porter la société de consommation.

1 Doc. 1 Relevez des éléments évoquant la mondialisation.

....

....

....

....

Doc. 2 La révolution numérique en marche

Depuis une dizaine d'années, l'économie numérique connaît une croissance sans précédent en Afrique, portée par la pénétration de la téléphonie mobile et la dynamique du commerce en ligne, elle-même favorisée par le boom démographique et la pénétration de l'Internet mobile haut débit. [...]
L'effervescence en matière de création de start-up constitue un autre indicateur de cette révolution en cours. L'essor de la téléphonie mobile sur le continent a permis de développer des applications axées sur des services révolutionnant la vie des Africains. Certains pays se sont ainsi positionnés comme de véritables pôles de start-up, à l'image de la Tunisie, du Rwanda et de la Côte-d'Ivoire, quand d'autres se sont fait une spécialité de centres d'appels (Maroc, Tunisie, Madagascar, île Maurice) ou des centres de recherche et d'innovation (Nigeria, Kenya, Afrique du Sud, Ghana).
Mais cette effervescence ne doit pas masquer des situations très disparates, le taux de pénétration d'Internet oscillant entre 20 % et plus de 60 % selon les pays.

Lacina Koné, directeur général du secrétariat de Smart Africa, La Tribune, *Afrique* (Groupe La Tribune), 2 avril 2019.

2 Doc. 2 Résumez quelle mutation technologique connaît actuellement l'Afrique.

....

....

3 Doc. 2 Soulignez les effets positifs en rouge et en bleu les limites.

Doc. 3 L'intégration à la mondialisation

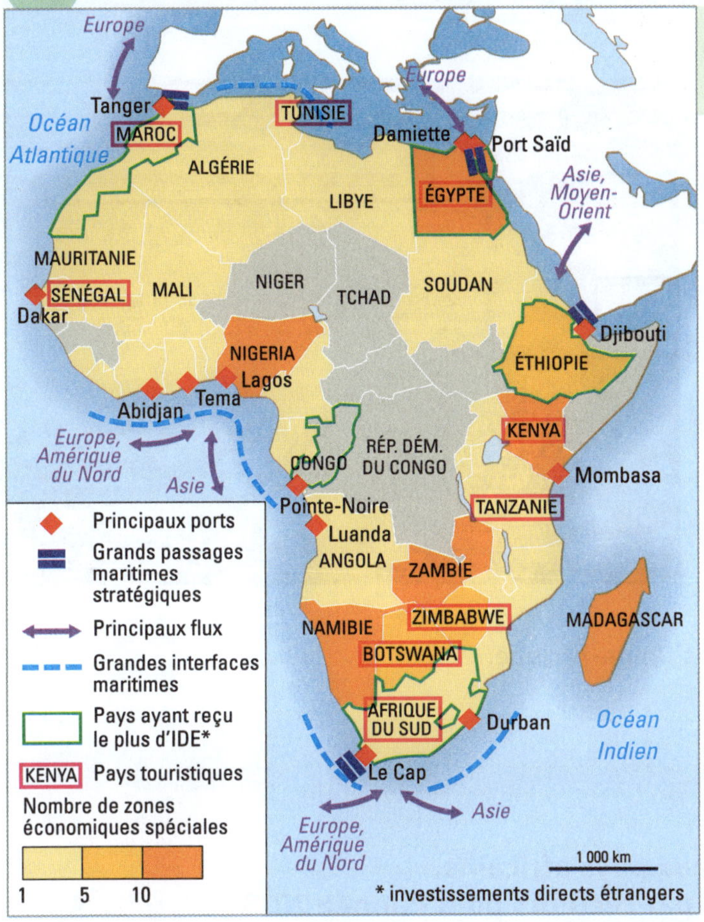

Les ZES ont été développées ces dernières années : ce sont des zones franches qui proposent des avantages aux entreprises qui s'y installent.

4 Doc. 3 **Identifiez les lieux privilégiés des échanges mondiaux.**

....

....

....

....

5 Doc. 3 **Expliquez pourquoi les pays africains construisent des zones économiques spéciales.**

....

....

....

6 Doc. 3 **Entourez sur la carte les cinq pays les plus attractifs en matière d'investissement.**

7 Doc. 3 **Quel est l'apport du tourisme pour l'intégration de l'Afrique dans la mondialisation ?**

....

....

Doc. 4 Un continent au cœur de trafics illégaux

Le directeur exécutif de l'ONUDC* a déclaré que des « tendances récentes et alarmantes » dans le trafic de stupéfiants avaient été observées en Afrique centrale et de l'Ouest, avec des « effets déstabilisants et perturbateurs » sur la gouvernance, la sécurité, la croissance économique et la santé publique.

« Les réseaux criminels ne limitent plus leurs activités à l'acheminement par l'Afrique de la cocaïne et de l'héroïne en Europe », a expliqué le directeur exécutif de l'ONUDC, en précisant que 87 % des opioïdes pharmaceutiques saisis dans le monde l'avaient été dans des pays d'Afrique centrale et de l'Ouest, ainsi qu'en Afrique du Nord. [...] Nous savons que les saisies d'héroïne sont en hausse à travers toute la région, de Lagos à Accra, en passant par Cotonou, de même que celles de méthamphétamine. [...]

Simultanément, la région est aux prises avec de nombreuses menaces sécuritaires, comme le trafic d'armes, le blanchiment d'argent, la traite des personnes, la cybercriminalité et la piraterie maritime, ainsi que le terrorisme. Or, les liens entre terrorisme, stupéfiants illicites et d'autres formes de criminalité ont été largement mis en évidence.

* ONUDC = Office des Nations unies contre la drogue et le crime.

ONU Info, 19 décembre 2018.

8 Doc. 4 **Dites dans quel autre domaine la mondialisation se manifeste aussi en Afrique.**

....

9 Doc. 4 **Après avoir souligné les régions les plus concernées, expliquez pourquoi ce phénomène leur est néfaste.**

....

....

....

2 Le rôle de la Chine, premier investisseur sur le continent

Doc. 1 7e Sommet sino-africain en septembre 2018

53 chefs d'État et de gouvernement étaient réunis à Pékin, un seul pays était absent : l'Eswatini (ex-Swaziland). Ce sommet a abouti à de nombreux accords, il a lieu tous les trois ans depuis l'année 2000.

 # vidéo
Sommet Chine-Afrique : Pékin déroule le tapis rouge à ses principaux partenaires commerciaux - 1,19 min
foucherconnect.fr/20hgc038

1 Doc. 1 Définissez le rôle de l'État chinois dans les relations Chine-Afrique.

....

....

Doc. 2 Les investissements chinois dans les principaux pays africains. Période 2005-2019 (en milliards de dollars) – par secteurs pour l'année 2018

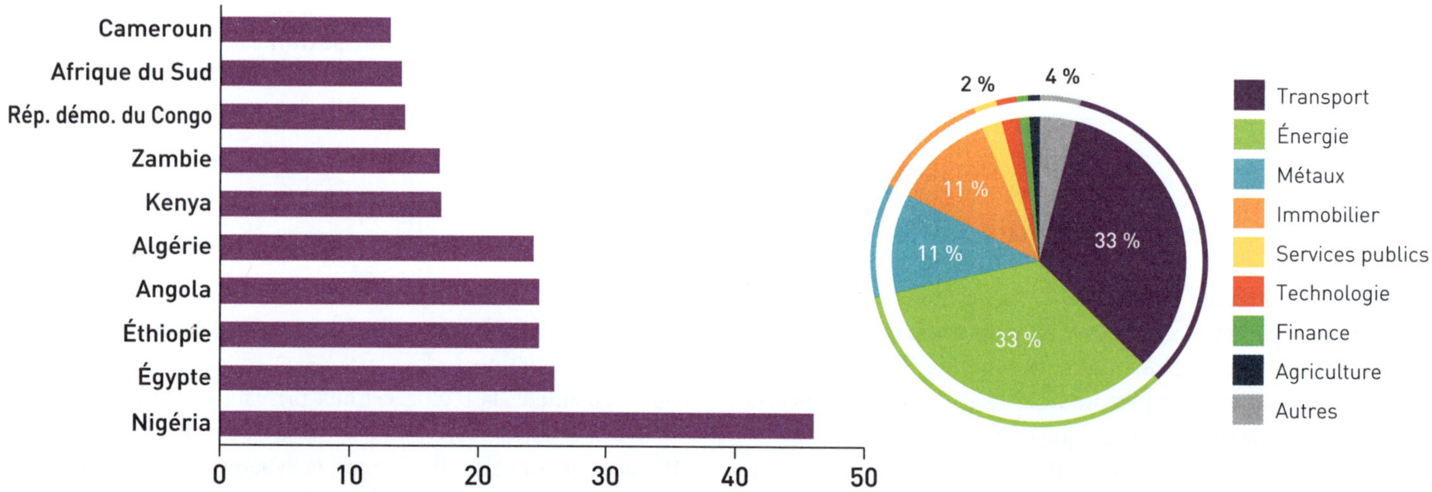

Source : Chinese Investment Tracker, AEI.

2 Doc. 2 Nommez les principaux pays où la Chine investit et repérez-les sur la carte de la page précédente.

....

....

3 Doc. 2 Nommez les principaux secteurs dans lesquels la Chine investit.

....

....

4 Doc. 2 et 3 Expliquez pour quelles raisons l'Afrique intéresse la Chine.

....

....

Doc. 3 La Chine à la conquête de l'Afrique

 # vidéo
En Afrique, la Chine et sa doctrine de non-ingérence ? - 2,26 min
foucherconnect.fr/20hgc039

Le rapprochement sino-africain n'est évidemment pas désintéressé. [...] « Cela va faciliter l'importation de matières premières africaines en Chine, l'exportation des produits manufacturés chinois vers l'Afrique et le développement de régions africaines », explique le spécialiste de la Chine Pierre Picquart. [...]

Plus de 10 000 entreprises chinoises sont installées sur le continent noir. En une quinzaine d'années, le commerce bilatéral sino-africain a été multiplié par six, passant le cap des 300 milliards de dollars en 2015. Au début septembre à Pékin, lors du 7e sommet du Forum sur la coopération sino-africaine, le président chinois a fait un nouveau geste : il a promis à ces partenaires africains une rallonge de l'aide au développement de 60 milliards de dollars.

La plupart des pays africains, du Maroc à l'Afrique du Sud, ont déjà saisi l'opportunité chinoise pour améliorer leurs infrastructures (transports, télécoms, énergie, éducation...), mettre en valeur leurs richesses agricoles et minières, ou encore dynamiser leur commerce. [...]

Ce « néocolonialisme » chinois n'est toutefois pas sans risques, les États africains s'endettant considérablement pour améliorer leur sort. Mais l'aide chinoise est bien trop séduisante pour s'en priver ! D'autant qu'elle est fournie sans conditions sur la gouvernance étatique, la démocratie ou le respect des droits humains. La seule exigence chinoise, c'est de renoncer à reconnaître Taïwan !

Pascal Fleury, « L'Afrique, un eldorado pour la Chine », *Laliberte.ch*, 21 septembre 2018.

5 Doc. 3 **Soulignez en bleu les intérêts pour l'Afrique et en rouge les conséquences négatives.**

Doc. 4 Au Ghana, un projet chinois de mine de bauxite inquiète

« *Sauvez la forêt Atewa maintenant !* », peut-on lire sur un panneau géant à Kyebi, dans l'est du Ghana. Dans la région d'origine du président Nana Akufo-Addo, qui abrite une réserve de biodiversité exceptionnelle, les défenseurs de l'environnement s'inquiètent de projets chinois pour exploiter le sol riche en bauxite. [...]

De nombreuses espèces menacées de primates, pangolins, oiseaux et papillons rares peuplent la montagne, ses cascades, ses falaises et ses grottes secrètes. Mais sous la végétation tropicale, la réserve abrite aussi un important gisement de bauxite, très convoité, qui donne à la terre sa teinte rouge et constitue un élément essentiel dans la production d'aluminium.

Selon un scénario désormais familier en Afrique, la Chine a promis au Ghana des milliards d'euros d'investissements d'infrastructures en échange de contrats miniers pour exploiter la bauxite du pays. Accra dit promouvoir une politique « *de commerce, pas d'assistance* ». Mais beaucoup s'inquiètent de voir les forêts comme celle d'Atewa bradées à des sociétés peu soucieuses de l'impact environnemental.

AFP, 26 novembre 2018.

6 Doc. 3 et 4 **Précisez si le développement durable et ses enjeux sont pris en compte dans les investissements chinois.**

....

....

Je fais le point sur... L'Afrique dans la mondialisation

→ ***Complétez les phrases suivantes.***

L'ouverture au monde et l'intégration à la mondialisation se manifestent dans :

- des activités : ....
....
- des lieux privilégiés : ....
....
- des investissements étrangers sous forme variée : ....
....
....

La Chine, premier investisseur

- Des avantages : ....
....
....
- Des inconvénients : ....
....
....
....

ÉTUDE 3

Des inégalités d'intégration et de développement

CAPACITÉS

- **Identifier** l'échelle appropriée pour étudier un phénomène.
- **Caractériser** l'urbanisation du continent africain à partir de cartes.

La mondialisation impacte les territoires : au niveau des aires régionales qui se réorganisent et surtout dans les villes qui absorbent une majeure partie de la croissance démographique.
Quelles sont les mutations à l'échelle régionale et urbaine ?

1 L'exemple d'une aire régionale : l'Afrique de l'Est

Doc. 1 L'Éthiopie et l'industrie textile

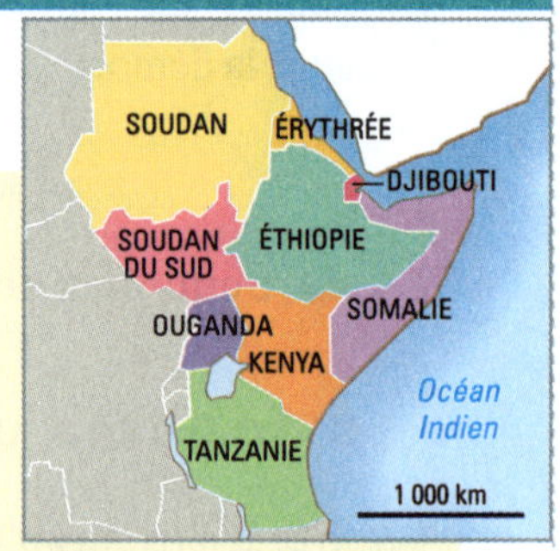

Les salariés des usines de vêtements d'Éthiopie, qui travaillent pour des marques comme Guess, H&M ou Calvin Klein, sont les moins bien payés au monde, avec seulement 26 dollars (23 euros) par mois, selon un rapport rendu public mardi 7 mai.

L'Éthiopie, qui ambitionne de devenir le principal centre manufacturier du continent, a séduit les investisseurs en mettant en avant la disposition des salariés à travailler pour moins du tiers du salaire des travailleurs du Bangladesh. [...]

Selon le rapport, les salariés de la confection, parmi lesquels de nombreuses femmes, ont du mal à s'en sortir, sont très peu formés et des conflits culturels les opposent aux dirigeants des usines, originaires d'Asie. L'étude s'est penchée sur le parc industriel d'Hawassa (sud), l'un des cinq centres industriels inaugurés par le gouvernement depuis 2014, qui emploie 25 000 personnes et fabrique des vêtements pour des marques du monde entier. À terme, environ 60 000 personnes devraient y travailler. Des entreprises chinoises, indiennes et sri-lankaises ont ouvert des usines dans ce parc.

AFP, 8 mai 2019.

 # vidéo
Boom du textile en Éthiopie
1,06 min
foucherconnect.fr/20hgc040

1 Doc. 1 Expliquez comment l'Éthiopie développe son industrie textile.

....

....

2 Doc. 1 Soulignez les difficultés des ouvriers du textile.

Doc. 2 Touristes en safari (face à des éléphants de savane), Tanzanie

Grande comme deux fois la France, la Tanzanie offre un large éventail d'attractions touristiques à ses touristes (près d'1,5 million en 2018) : randonnée, alpinisme, plongée, plage, safari. Parmi les sites les plus remarquables, on peut citer : les parcs nationaux (dont le Serengeti), le mont Kilimanjaro (plus haut sommet d'Afrique), les Grands Lacs, l'archipel de Zanzibar. Et avec plus d'une centaine d'ethnies, le pays présente aussi une diversité culturelle.

3 Doc. 2 Expliquez de quels atouts dispose la Tanzanie.

....

....

....

4 Doc. 2 Relevez les signes d'un tourisme organisé.

....

Doc. 3 Les difficultés du Soudan du Sud

Le pays a été plongé dans cinq ans de guerre civile. Au moment de l'obtention d'un accord de paix en septembre 2018, on estimait qu'entre 380 000 et 400 000 personnes avaient perdu la vie dans les affrontements. [...] En dépit du processus de paix, 4 millions de Soudanais du Sud, qui ont fui la violence, sont toujours soit déplacés dans le pays (1,9 million d'entre eux) ou réfugiés (2,2 millions) dans les pays avoisinants. [...] La situation est particulièrement précaire pour les 1,4 million d'enfants qui ont fui leur pays. À eux seuls, ils représentent les deux tiers des réfugiés. Parmi eux se trouvent aussi 65 000 orphelins. Près du tiers des enfants réfugiés n'ont pas accès à l'école depuis trois ans ou plus. [...] La proportion de la population vivant sous le seuil de la pauvreté a grimpé de 50 % à 82,3 % (entre 2011 et 2016). Par ailleurs, la famine guette près de 7 millions des quelque 10 millions qui se trouvent toujours dans le pays.

Laura-Julie Perreault, « Soudan du Sud : une crise dans l'ombre », *Lapresse.ca*, 15 mai 2019.

5 Doc. 3 Résumez les difficultés du Soudan du Sud.

....

....

....

Doc. 4 Les contrastes territoriaux en Afrique de l'Est

	Kenya	Tanzanie	Éthiopie	Djibouti	Érythrée	Soudan	Ouganda	Somalie	Soudan du Sud
PIB en milliards de $, 2018	87,9	57,4	84,3	2	2,6	40,8	27,5	4,7	3
PIB par habitant, en $, 2018	1 710,5	1 050,7	772,3	2 050,2	811,4	977,3	643,1	314,6	283,5
Croissance, 2018	6,3	5,2	6,8	6	8,7	– 2,3	6,1	– 1,5	– 11,2
Espérance de vie, 2017	66	64	66	66	66	65	63	57	57
IDH, 2017 (rang mondial)	0,590 (179)	0,538 (192)	0,463 (211)	0,476 (210)	0,440 (217)	0,502 (205)	0,516 (200)	0,364 (227)	0,388 (225)

Source : Banque mondiale.

 # vidéo
Kenya, le pays des roses
5,01 min
foucherconnect.fr/20hgc041

6 Doc. 4 L'Afrique de l'Est présente des disparités de développement et d'intégration à la mondialisation. Remplissez le tableau ci-dessous à l'aide des documents précédents et des cartes pages 90 et 92.

Pays les plus en retard :	**Raisons de ce retard :** ....
Pays les plus dynamiques :	**Raisons de ce dynamisme :** ....

2 Les mutations urbaines

Doc. 1 L'explosion urbaine et ses défis

Les villes d'Afrique subsaharienne connaissent actuellement une croissance sans précédent dans l'histoire de l'humanité, par son ampleur et sa vitesse. Cette région du continent, très rurale jusqu'ici, est en passe de devenir majoritairement urbaine. Des villes, petites, moyennes et grandes, voient leur taille doubler à chaque décennie.

Congestion permanente, embouteillages monstres aux heures des migrations pendulaires, délestage électrique, fréquentes coupures d'eau, absence de gestion des déchets, les maux liés au déficit en équipements publics qui affectent les villes africaines sont nombreux et handicapants.

Un nouveau souffle se traduit dans les villes par d'innombrables chantiers visant à raccorder des quartiers aux réseaux d'eau, d'électricité, d'assainissement, de téléphonie, à les doter d'équipements de base, mais aussi par de grands projets pour créer de nouvelles infrastructures ou développer l'existant, dans le domaine des transports notamment : aéroports de Dakar (Sénégal), Lomé (Togo), Addis-Abeba (Éthiopie), trains urbains à Dakar et Abidjan, bus en site propre à Lagos, Accra (Ghana) et Dar es Salam, ports de Lomé, Accra et Conakry (Guinée)...

Pour importants qu'ils soient, ces investissements se portent majoritairement sur les grandes villes, au détriment des villes moyennes et petites qui absorbent pourtant l'essentiel de la croissance urbaine depuis les années 1990.

Olivier Blot pour IRD Le Mag' Institut de recherche pour le développement (IRD), 24 mai 2019.

1 Doc. 1 **Précisez comment évoluent les villes africaines.**

....

2 Doc. 1 **Soulignez en rouge les problèmes urbains et en bleu les progrès en cours.**

3 Doc. 1 **Identifiez le type de villes qui profitent surtout des investissements et qui permettent ces progrès.**

....

Doc. 2 Des inégalités spatiales

À Nairobi voisinent des réalités difficilement conciliables. Celle de Kibera, par exemple, l'un des plus grands bidonvilles d'Afrique, situé dans le sud de la capitale kenyane, où s'entassent des centaines de milliers de personnes au milieu des détritus. Et celle de ces centres commerciaux à l'architecture clinquante qui poussent comme des champignons après la pluie, le long des avenues embouteillées. Inauguré en 2016, à moins de quinze kilomètres de Kibera, le Hub Karen est l'un de ces nouveaux temples de la consommation. Carrefour et Burger King y ont déjà élu domicile, parmi plus de quatre-vingts enseignes, et Decathlon devrait suivre, avec l'ouverture d'un magasin prévue au deuxième semestre.

Marie de Vergès, « À la recherche de la classe moyenne africaine », *Le Monde*, 8 avril 2018.

4 Doc. 2 **Retrouvez à l'aide du texte quelle photo correspond à Kibera et laquelle montre Hub Karen et justifiez votre réponse.**

....

....

....

....

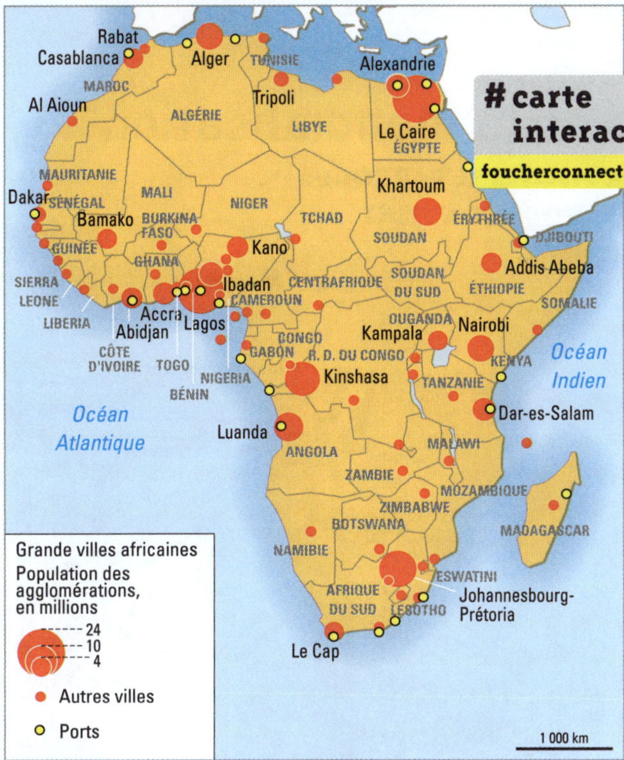

carte interactive
foucherconnect.fr/20hgc042

Doc. 3 Les principales villes africaines

Doc. 4 Le centre des affaires à Luanda en Angola

Depuis 2002 (fin de la guerre civile) et grâce à l'argent du pétrole, la ville connaît une croissance importante de la construction.

5 Doc. 3 **Expliquez où se situent la majorité des grandes villes africaines.**

....

....

6 Doc. 3 **Soulignez sur la carte le nom des quatre plus grandes villes africaines (de plus de 10 millions d'habitants).**

7 Doc. 4 **Identifiez les changements induits par la mondialisation et la croissance urbaine.**

....

....

....

Je fais le point sur... Des inégalités d'intégration et de développement

→ *Complétez la synthèse suivante.*

Les effets de la mondialisation sur le territoire

• **Au niveau régional**, tout le monde ne profite pas de la mondialisation et de la croissance économique.

- États et espaces moteurs : ....

....

- D'autres territoires restent en marge ou à l'écart : ....

• **Au niveau des villes** : elles connaissent une croissance élevée et sont concentrées sur .... certaines sont de gigantesques métropoles.

- Face aux besoins, les paysages urbains se transforment : ....

....

- Mais il y a des problèmes : ....

....

DIFFÉRENCIATION

Tanger Med, interface de la mondialisation

CHOISISSEZ LE PARCOURS QUI VOUS CONVIENT LE MIEUX.

Doc Le port marocain de Tanger Med

 # carte interactive foucherconnect.fr/20hgc043

 # vidéo Tanger Med 2 : Inauguration - 1,30 min foucherconnect.fr/20hgc044

À 14 kilomètres à vol d'oiseau de l'Espagne, sur la côte méditerranéenne longeant le détroit de Gibraltar, par lequel passent près de 100 000 bateaux par an et ne transitent pas moins de 20 % des échanges commerciaux mondiaux, le complexe portuaire Tanger Med a officiellement ouvert en fin de semaine dernière deux nouveaux terminaux, qui en font « *le premier port de Méditerranée en capacité* », selon le président de l'Agence spéciale Tanger Méditerranée (TMSA), en charge du développement du site, Fouad Brini.

Rentrer dans le top 20 mondial des ports à conteneurs

C'est aussi désormais le « *plus grand port d'Afrique en volume de conteneurs* », devant Port-Saïd, sur le canal de Suez en Égypte, et Durban, en Afrique du Sud. Avec l'entrée en service de Tanger Med 2, le port marocain devrait se hisser parmi les vingt premiers ports à conteneurs à l'échelle internationale. Opérationnel depuis 2007, Tanger Med dessert 186 ports dans 77 pays avec 52,2 millions de tonnes manutentionnées en 2018. Son trafic pourra atteindre 120 millions de tonnes annuellement. L'Afrique est son premier marché avec une part de 38 %, suivi par l'Europe (27 %), l'Asie (26 %) et l'Amérique (9 %). [...] APM, filiale de gestion portuaire du géant danois Maersk, a développé au sein de Tanger Med 2 un terminal intégrant les dernières technologies d'automatisation de mouvement des conteneurs.

Le port a contribué à l'essor de Tanger, devenu le deuxième pôle économique du pays, après Casablanca. Le parc industriel adossé au complexe portuaire, en zone franche, compte ainsi 900 entreprises – surtout dans l'automobile, mais aussi le textile, l'électronique, l'aéronautique, la logistique, l'agroalimentaire – et 70 000 employés, pour un chiffre d'affaires de 5,5 milliards d'euros en 2017.

Nouveau programme d'investissement

Renault-Nissan, qui s'est doté en 2012 d'une immense usine en périphérie de Tanger, a exporté en 2017 plus de 300 000 voitures *via* le port, dont il est l'un des principaux clients. Deuxième constructeur automobile à poser pied au Maroc avec une usine récemment inaugurée à Kenitra, à 200 kilomètres au sud de Tanger, PSA exportera lui aussi *via* Tanger Med. Le port dispose, en outre, d'un terminal passagers, qui a accueilli en 2018 presque 3 millions de voyageurs, principalement des Marocains vivant de l'autre côté de la Méditerranée.

À l'horizon 2025, un nouveau programme d'investissements de 9 milliards de dirhams (820 millions d'euros) visera à renforcer la compétitivité logistique de Tanger Med et à installer le Maroc comme acteur majeur dans les corridors logistiques mondiaux.

Antoine Boudet, « Le port de tanger Med prend une nouvelle dimension », *Les Echos*, 1er juillet 2019.

PARCOURS **autonome**

→ **À partir des documents, présentez le complexe industrialo-portuaire de Tanger.**

– Un rang continental et mondial : ....

– Une localisation favorable et des atouts : ....

– Différentes activités : ....

– Les conséquences de cet aménagement : ....

PARCOURS **accompagné**

1 → **Quelle est l'importance du port de Tanger ?**

....

2 → **Expliquez pourquoi sa position géographique est bonne.**

....

3 → **Montrez que le port se modernise.**

....

4 → **Soulignez dans le texte ce qui permet d'affirmer que le port est au cœur d'une vaste plate-forme industrielle. Puis entourez les principaux secteurs d'activité présents dans le complexe industrialo-portuaire.**

5 → **Expliquez en quoi le port recompose le territoire.**

....

JE RETIENS

L'Afrique, un continent en recomposition

Les défis du continent africain

• **L'Afrique possède d'importantes ressources** en matières premières (minières, énergétiques, agricoles) et son patrimoine naturel et culturel est varié. Sa population, jeune et mobile, est en forte croissance (2 milliards en 2050) : c'est un défi en termes de sécurité alimentaire, de santé et d'éducation.

• **Le développement a progressé mais est encore faible dans une majorité de pays de l'Afrique subsaharienne**, 33 pays (sur 54) font partie des pays les moins avancés au monde.

• **Une bonne gouvernance paraît essentielle pour améliorer les conditions de vie et la situation économique des pays** : la majorité des États ont un régime autoritaire ou des institutions démocratiques fragiles, la corruption est importante et l'insécurité freine le développement.

L'Afrique dans la mondialisation

• **L'ouverture sur le monde s'accentue et l'intégration à la mondialisation se fait** notamment par les exportations de ses ressources dans le monde entier. Le tourisme se développe ainsi que les nouvelles technologies.

• **Le continent connaît une croissance économique et attire beaucoup d'investissements étrangers.** Ce phénomène prend des formes multiples : construction d'infrastructures de transport, achat de terres, installation d'entreprises, de plantations... Les ports en particulier se sont développés, facilitant le transit international de marchandises. Longtemps dominés par l'Europe, ces investissements concernent également d'autres États. **La Chine est devenue le premier partenaire** et cherche à intégrer le continent dans son projet d'expansion des « nouvelles routes de la soie ».

• **La mondialisation se manifeste aussi dans des trafics illégaux divers**, dans des atteintes à l'environnement. Elle pose la question du développement durable et celle de la dépendance vis-à-vis de l'extérieur.

Des inégalités d'intégration et de développement

• **La mondialisation a des impacts variés entraînant des recompositions territoriales** et créant des contrastes de développement. Les échanges maritimes explosent et génèrent une forte activité dans les ports qui s'agrandissent, mais aussi dans les métropoles côtières, ce qui renforce la littoralisation. Les centres d'affaires concentrent les fonctions de commandement, et des centres commerciaux apparaissent avec l'émergence d'une classe moyenne. La croissance urbaine entraîne un étalement urbain avec les problèmes inhérents (pollution, circulation...) et de fortes inégalités sociospatiales (bidonvilles). Des corridors industriels et des zones économiques spéciales (souvent en lien avec des ports) se développent.

• **Le continent montre ainsi une hétérogénéité** : dans le sillage de l'Afrique du Sud, première puissance africaine, des États se développent comme le Nigeria, les pays du Maghreb. Les PMA, quant à eux, continuent souvent à stagner avec une pauvreté importante, en particulier ceux qui sont enclavés ou/et instables (ex. : Soudan du Sud, Somalie, Tchad, Mali, Burundi).

mémo > **AUDIO**
foucherconnect.fr/20hgc045

Mots-clés

- **Développement** : amélioration des conditions de vie et de la qualité de vie d'une population.
- **Gouvernance** : manière de gouverner, de gérer un État ou une autre institution.
- **Recomposition territoriale** : mutation d'un espace sous l'effet d'un ou plusieurs processus.
- **Zone économique spéciale (ZES)** : espace bénéficiant d'avantages fiscaux dans le but d'attirer des investissements étrangers et l'implantation d'entreprises.

JE MOBILISE MES CONNAISSANCES

Complétez le schéma ci-dessous.

L'Afrique dans la mondialisation

Des ressources

Minerais, énergie

- ....
- ....
- ....

L'insertion dans la mondialisation

- Exportations de ....
- Importations de ....
- Essor ....
....
- Investissements ....
- Premier pays partenaire commercial : ....
avec un projet : ....
....
- ....

Des fragilités

- Pauvreté et un développement en progrès mais faible : ....
....
....
- ....
....
- ....
- ....

Des espaces transformés

- Métropolisation et littoralisation : ....
....
....
- Apparition de centres d'affaires et ....
- Multiplication de ZES et de ....
- Aménagement d'infrastructures ....
....
- Des atteintes à ....

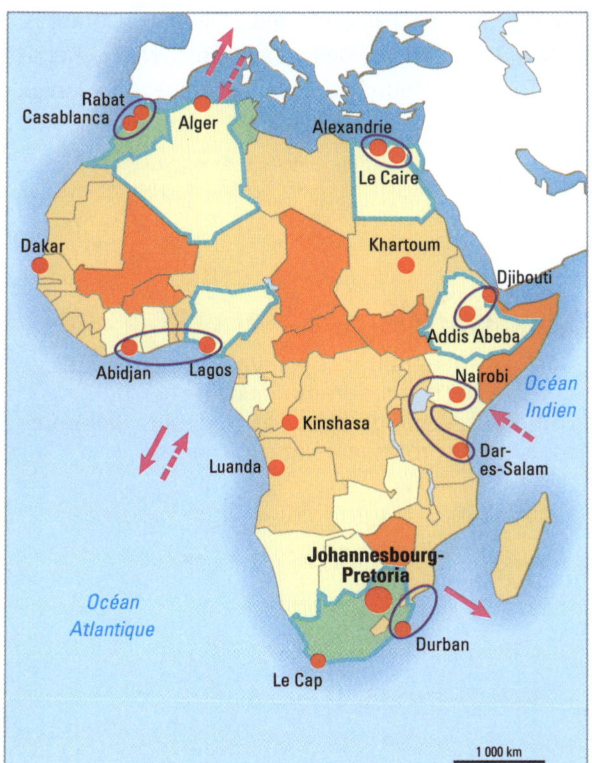

Indiquez le nom des six pays identifiés comme « États moteurs du développement » sur la carte et complétez la légende, en replaçant les figurés ainsi que les informations suivantes : *États en marge - États mal intégrés ou inexistants - États intégrés - États faiblement intégrés.*

1. Une inégale intégration à la mondialisation

....
....
....
....

2. Facteurs de connexion et dynamiques

Métropole de niveau mondial
Métropole porte d'entrée de la mondialisation
États moteurs du développement
Corridors industriels en construction
Investissements étrangers en croissance rapide
Exportations qui progressent

LIEN avec l'EMC

Lien avec le thème

- Préserver la paix et protéger des valeurs communes : défense et sécurité en France et en Europe.

La coopération entre la France et l'Afrique

Doc. 1 Les forces armées françaises en Afrique

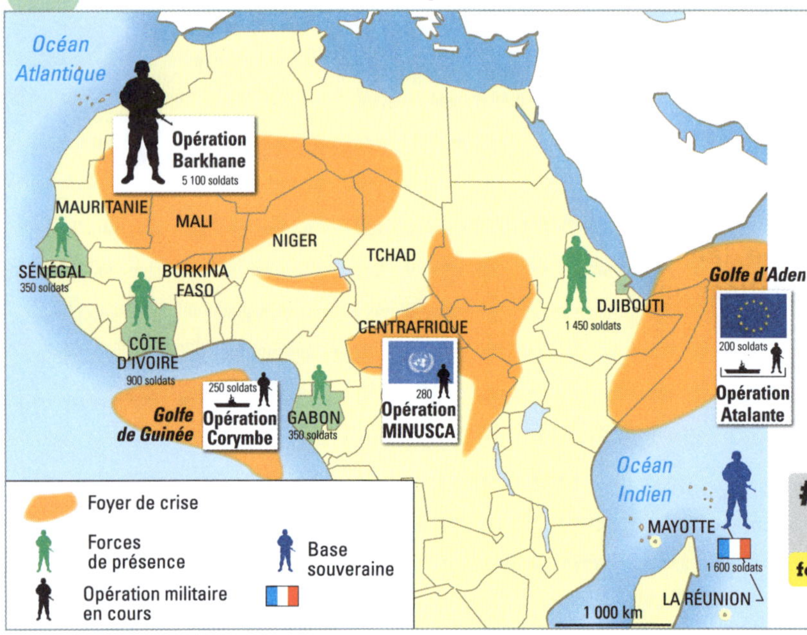

La France a signé plusieurs accords de coopération militaire sur le continent et apporte un soutien direct à la construction des armées africaines (formation, équipements...).

 # carte interactive
foucherconnect.fr/20hgc046

Doc. 2 L'Afrique, principale bénéficiaire de l'aide française au développement

Placée sous la co-tutelle du ministère de l'Europe et des Affaires étrangères et du ministère de l'Économie et des Finances, l'Agence française du développement (AFD) est le principal responsable de la mise en œuvre de la politique française de coopération et de développement. [...]
L'Afrique subsaharienne est le principal bénéficiaire de l'aide budgétaire française, avec 81 % du total de l'effort financier. En vertu de la loi d'orientation relative à la politique de développement et de solidarité internationale adoptée en 2014, tous les instruments disponibles doivent être mobilisés pour l'Afrique subsaharienne : dons, aides budgétaires, prêts (bonifiés ou non, souverains ou non), prises de participation, garanties, financements innovants...
16 pays africains ont été désignés comme prioritaires, ce qui se traduit par une concentration de 50 % minimum des subventions de l'État et de deux tiers de celles de l'AFD dans les pays suivants : Bénin, Burkina Faso, Burundi, Djibouti, Comores, Ghana, Guinée, Madagascar, Mali, Mauritanie, Niger, République centrafricaine, république démocratique du Congo, Tchad, Togo et Sénégal.

touteleurope.eu, « La politique de développement de la France », 18 septembre 2017.

Doc. 3 Le président Macron à l'université de Nairobi au Kenya, mars 2019

Des partenariats franco-kényans ont été noués : entente sur des programmes de recherche communs, échange d'étudiants, double diplôme, mobilité de professeurs et chercheurs.

Doc. 4 Couverture du guide sur la lutte contre Ebola publié par la Croix-Rouge française

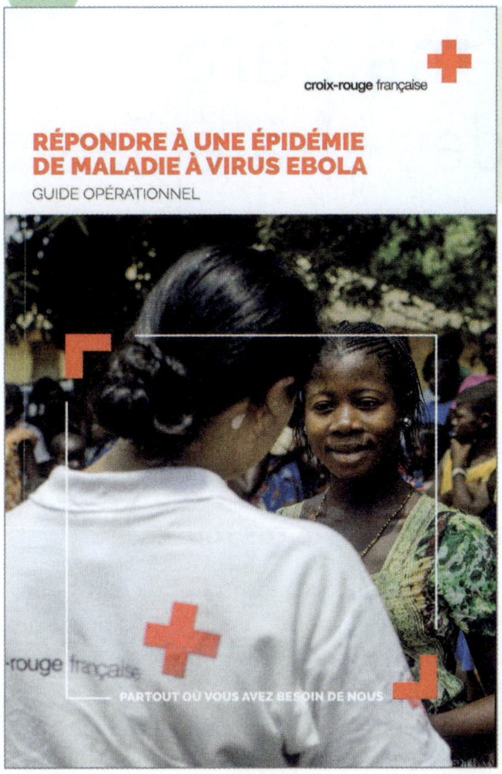

L'État n'est pas le seul acteur de la coopération entre la France et l'Afrique, les relations passent aussi par des ONG (Organisations Non Gouvernementales) ou organisations indépendantes telles que la Croix Rouge qui, par exemple, est intervenue en Afrique de l'Ouest lors de la propagation du virus Ebola en menant notamment un important travail de sensibilisation et d'information des communautés sur les modes de transmission du virus et les mesures d'hygiène à adopter.

1 Doc. 1 **Localisez les forces armées françaises en Afrique.**

....

2 Doc. 1 **En vous aidant de la carte page 92 et de vos connaissances, expliquez les raisons de ces localisations.**

....

3 Doc. 2 **Soulignez en rouge l'organisme d'État qui s'occupe de la politique de coopération française et en bleu la zone d'intervention prioritaire.**

4 Doc. 2 **Identifiez par quel moyen se fait surtout l'aide publique au développement.**

....

5 Doc. 3 **Dites de quel type de coopération il s'agit ici.**

....

6 Doc. 3 **Retrouvez quelle symbolique est utilisée pour montrer le partenariat entre les deux pays.**

....

7 Doc. 4 **Précisez à travers quel autre type d'acteurs et par quelle action se manifeste aussi la coopération entre la France et l'Afrique.**

....

Rendre compte à l'oral (de manière individuelle ou collective) des stratégies d'implantation de la Chine

1 J'analyse les documents

Doc. 1 Les nouvelles routes de la soie

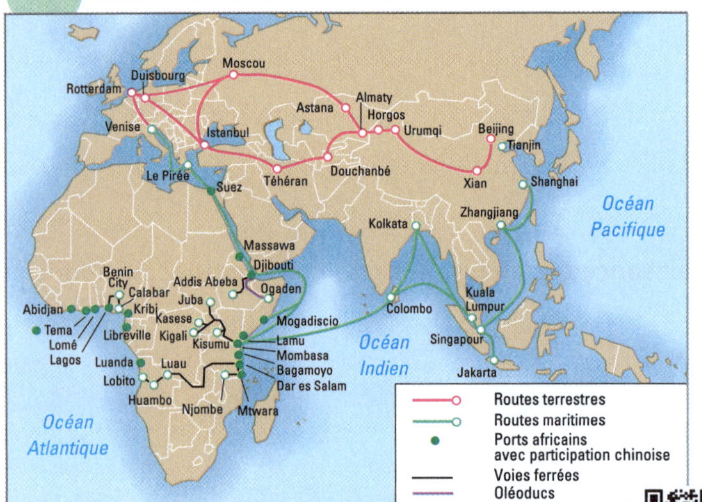

 # carte interactive
foucherconnect.fr/20hgc047

Doc. 2 L'Afrique au cœur de ces routes

En économisant sur les coûts de transport et de logistique, la Chine espère relancer ses exportations. C'est l'objectif de cette fameuse « ceinture, route », plus communément appelée « nouvelle route de la soie ». [...]
L'Afrique de l'Est tire notamment son épingle du jeu et trois pays sont aux avant-postes : le Kenya, l'Éthiopie et Djibouti. Sur place, les ports, les voies ferrées et les routes sont financés largement par la Chine. Plus de la moitié des investissements prévus par la Chine dans le cadre de cette nouvelle route de la soie iront à l'Afrique. Ce sont surtout les installations portuaires qui sont concernées. [...] Pour Pékin, il ne s'agit pas d'un programme d'aide, mais bien d'un projet commercial visant à relancer et à fluidifier le commerce international. Une sorte de plan Marshall qui permettrait de servir la demande chinoise en matières premières africaines et la demande africaine en marchandises « *made in China* ». [...]
Mais derrière ce programme se cachent également des ambitions stratégiques. La Chine entend ainsi se développer comme une nouvelle puissance maritime à même de faire face aux États-Unis. Plusieurs de ses nouvelles installations portuaires auront en effet un double usage : commercial et militaire. C'est le cas notamment de Djibouti qui accueillera la plus importante base militaire chinoise à l'étranger, de Sao Tomé-et-Principe, des Seychelles et de Walvis Bay en Namibie.

Sébastien Le Belzic, lemonde.fr, « L'Afrique au cœur de la nouvelle route de la soie », 24 avril 2017.

1 Doc. 1 et 2 **Définissez ce que sont les nouvelles routes de la soie.**

....

....

....

....

....

....

....

2 Doc. 1 et 2 **Localisez les espaces africains concernés par ce projet.**

....

....

3 Doc. 1 et 2 **Déterminez les infrastructures sur lesquelles la Chine investit en priorité.**

....

4 Doc. 1 et 2 **Expliquez pourquoi la route maritime inclut les espaces africains.**

....

....

....

....

....

Doc. 3 L'exemple de Djibouti

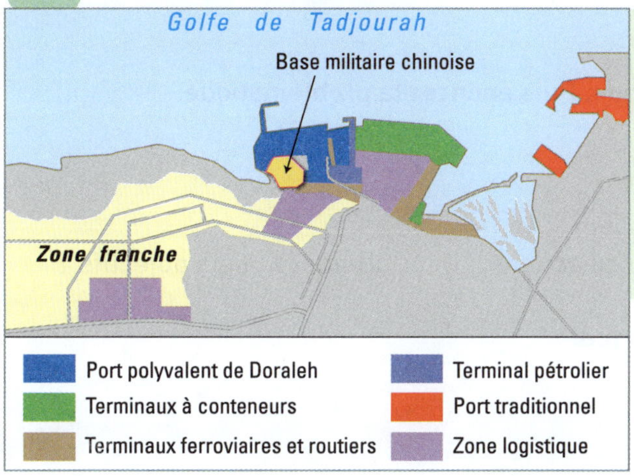

L'une des principales portes d'entrée africaines de la Chine est la république de Djibouti. La Chine y a inauguré en mai 2017, sur 690 hectares, le port polyvalent de Doraleh, doté des infrastructures les plus modernes d'Afrique. Dédié à la fois aux conteneurs maritimes et aux marchandises en vrac, ce mégaprojet a coûté 590 millions de dollars, financé conjointement par le gouvernement de Djibouti et une société d'État chinoise. Depuis 2018, la ville accueille une base militaire chinoise et la plus grande zone franche d'Afrique, où la Chine prévoit la création d'entrepôts et bureaux.

5 Doc. 1, 2 et 3 **Entourez Djibouti sur la carte du document 1 p. 108 puis expliquez l'intérêt d'y investir au vu de sa localisation.**

....

....

....

6 Doc. 2 et 3 **Montrez que la stratégie chinoise n'est pas uniquement à visée économique, commerciale.**

....

....

Doc. 4 Maquette du projet de nouvelle capitale en Égypte

Projet lancé en 2015 par le président égyptien, une nouvelle capitale est en construction en plein désert à 50 km à l'est du Caire. La *China State Construction Engineering Corporation* (entreprise de BTP) a signé un contrat pour réaliser un grand centre d'affaires. Selon la presse, la Chine pourrait s'engager jusqu'à un tiers du financement global du projet (estimé à 45 milliards d'euros en 2015).

 # vidéo
Égypte : le chantier pharaonique de la nouvelle capitale, construite en plein désert - 4,14 min
foucherconnect.fr/20hgc048

7 Doc. 1 et 4 **Précisez dans quel domaine intervient aussi la Chine et pourquoi.**

....

....

....

2 Je rends compte à l'oral ou à l'écrit
à titre individuel ou collectif

Il s'agit de montrer des connaissances tout en prenant en compte la dimension orale : s'exprimer de manière claire, précise, en présentant son propos de manière organisée avec un vocabulaire géographique.

L'exposé peut s'appuyer sur un diaporama, être fait devant la classe ou enregistré.

Trame de préparation

Étape 1 : En introduction, présentez le poids de la Chine en Afrique. Puis énoncez la problématique.

....

....

Quelles sont les stratégies de la Chine en Afrique ? Quelles sont ses actions ? Pour atteindre quels objectifs ?

Étape 2 : Résumez la méthode chinoise pour s'implanter en Afrique.

....

....

....

....

....

....

....

Étape 3 : Montrez que l'Afrique de l'Est est au cœur d'un projet chinois plus vaste : les nouvelles routes de la soie.

....

....

....

Étape 4 : Vous pouvez expliciter un exemple précis pris dans le livre ou issu de vos connaissances.

....

....

....

....

Étape 5 : Concluez sur l'impact pour l'Afrique (effets positifs puis négatifs) de ces stratégies d'implantation chinoises.

....

....

....

....

....

....

Le développement de la mode africaine

 # vidéo
Le wax, de la rue au podium
1,57 min
foucherconnect.fr/19hgc049

Doc. 1 Des créatifs en plein essor

Les influences africaines se ressentent dans les collections des maisons de luxe, de Gucci à Burberry, jusqu'aux géants de la *fast fashion* comme H&M et Zara. « L'Afrique a une place artistique importante dans l'industrie de la mode, on voit de plus en plus de styles inspirés de la culture africaine dans les défilés », témoigne Paige Kalongi, organisatrice de la Kinshasa Fashion Week. [...]
Ce foisonnement créatif africain surfe sur la globalisation grâce aux réseaux sociaux et devient visible à l'échelle internationale, comme Amaka Osakwe de Maki Oh ou Duro Olowu qui signent des collections portées par des célébrités, de Beyoncé à Michelle Obama. Malgré des autorités gouvernementales et des investisseurs en retrait, l'industrie de la mode africaine se structure avec de nombreuses *fashion weeks*, de Dakar à Johannesburg en passant par Lagos. Pour les initiateurs de ces événements, le chemin est semé d'embûches, entre la recherche de partenaires fiables et la mobilisation de moyens logistiques et financiers.

Roger Maveau, lepoint.fr, « Mode : l'Afrique au diapason du monde », 27 juillet 2018.

Doc. 2 Le salut du Wakanda s'invite au défilé Adama Paris

Le film *Black Panther* Marvel américain, mettant en scène un super-héros noir dans le royaume de Wakanda, mêlant tradition et hautes technologies, a battu des records en Afrique, donnant à voir une vision positive du continent en faisant référence à de multiples cultures.

Défilé Adama Paris à la Cape Town Fashion Week en 2018 (Afrique du Sud).

1 Doc. 1 et 2 **Expliquez comment se manifeste le développement de la mode africaine.**

....

....

....

....

2 Doc. 1 **Soulignez les difficultés qui limitent ce développement.**

3 Doc. 2 **Selon vous, quel est le message du signe du Wakanda à la fin de ce défilé ?**

....

....

....

....

J'ÉVALUE MES COMPÉTENCES...

CAPACITÉS MOBILISÉES
- Connaître les principales notions, les acteurs majeurs et les repères.
- Décrire une situation géographique.
- Identifier l'échelle appropriée pour étudier un phénomène.

Géographie **THÈME 2**

L'Afrique, un continent en recomposition

> À l'issue de l'étude du thème, je révise et je m'entraîne sur des capacités du programme.

Je mobilise les connaissances du thème

- L'exemple de Lagos

 # vidéo
Le port de Lagos, un enfer pour l'économie du Nigeria - 2,20 min
foucherconnect.fr/20hgc050

Doc. 1 Les mutations dans la métropole de Lagos

Le 27 mai 1967, il y a tout juste 50 ans, le Nigeria devient un État fédéral et crée l'État de Lagos. À cette époque, la « ville des lacs » est une capitale tranquille, au bord d'une grande lagune verdoyante, où vivent un petit million d'habitants.
Mais rapidement, la croissance démographique du Nigeria explose, et l'on accourt de tout le pays pour venir tenter sa chance dans la capitale économique d'Afrique de l'Ouest, mégalopole de tous les possibles.
Cinquante ans plus tard, les estimations diffèrent entre 17 et 22 millions d'habitants. La dixième plus grande ville du monde ne compte même plus ses enfants.
Comment loger, nourrir, transporter, apporter l'eau courante et l'électricité à 900 nouveaux habitants par jour, en moyenne, depuis 50 ans ?
« Chaque année, c'est l'équivalent de deux fois la métropole de Toulouse qui arrive à Lagos, explique Guillaume Josse, géographe. [...] Toutes les villes africaines sont confrontées aux mêmes problèmes : urbanisation violente, gestion du foncier, pollution... Mais Lagos est une caricature. Ses défis sont tellement immenses qu'ils paraissent insurmontables », poursuit-il.
Mais les Lagotiens font preuve d'une ingéniosité à toute épreuve pour pallier les défaillances d'un État souvent absent, notamment pendant deux décennies de dictatures militaires (1975-1999).
Plus de terrains constructibles ? Les plus riches construisent des digues, assèchent les marécages ou ensablent l'océan pour construire le « Dubaï de l'Afrique ». Les plus pauvres se construisent des parcelles de terre sur la lagune avec des tonnes de déchets mélangés à du sable.

AFP, « Nigeria : Lagos, 20 millions d'habitants et 50 ans de chaos urbain », 28 mai 2017.

Doc. 2 Paysage urbain de Lagos

Au premier plan, le bidonville de Makoko construit sur la lagune. Appelé « la Venise de Lagos », cet immense labyrinthe insalubre ne connaît ni eau potable, ni électricité, ni école publique... Une forte communauté de pêcheurs et de travailleurs du bois y vit, menacés d'expulsion par le gouvernement qui rêve de transformer cet endroit en quartier d'affaires de luxe.

... VERS L'EXAMEN

1 Localisez Lagos.

2 Précisez comment la ville s'est développée.

 # vidéo
Lagos : un chaos urbain qui fête ses 50 ans - 1,38 min
foucherconnect.fr/20hgc051

3 Décrivez les deux quartiers visibles sur la photographie en précisant le niveau de vie auquel ils correspondent.

4 Listez les difficultés auxquelles font face les métropoles africaines comme Lagos et les aménagements réalisés pour tenter de les pallier.

5 Comment la situation de Lagos illustre-t-elle les enjeux d'une métropolisation qui soit compatible avec un développement durable ?

THÈME 1 EMC

Égaux et fraternels

Les principes d'Égalité et de Fraternité, héritage de la Révolution française, figurent aux côtés de la Liberté dans la devise de la République française, réaffirmée dans l'article 1 de la Constitution de la Ve République. Toutefois, inégalités et discriminations sont des réalités du quotidien.
Comment le recours à la loi, les actions publiques, associatives et citoyennes s'attachent-ils à réduire cet écart entre droits réels et droits proclamés ?

Je DÉCOUVRE

Deux timbres primés lors du concours « création de timbres sur les valeurs de la devise républicaine » organisé par La Poste en partenariat avec l'Éducation nationale auprès des collèges de métropole et d'outre-mer en octobre 2015.

Dites comment les collégiens concepteurs des deux timbres ont traduit graphiquement les principes républicains d'Égalité et de Fraternité.

L'Égalité	La Fraternité
....	....
....	....
....	....
....	....
....	....
....	....

Énoncez deux mots ou idées que vous associez, à ce stade, aux principes d'Égalité et de Fraternité.

....

....

....

Je me REPÈRE

1944	« Suffrage universel » élargi aux femmes
1945	Création de la Sécurité sociale
1972	Loi relative à la lutte contre le racisme
1985	Ouverture du 1er « Resto du cœur »
1986	Loi Roudy sur l'égalité professionnelle entre les hommes et les femmes
1988	Création du **R**evenu **m**inimum d'**i**nsertion, devenu **R**evenu de **s**olidarité **a**ctive en 2009
1990	Loi Gayssot tendant à réprimer tout acte raciste, antisémite ou xénophobe*
2005	Loi pour l'égalité des droits et des chances, la participation et la citoyenneté des personnes handicapées
2014	Loi pour l'égalité réelle entre les hommes et les femmes

* Hostile aux étrangers.

Premier vote des femmes (élections municipales), France, avril 1945.

1 Soulignez en rouge les événements qui mettent en application le principe d'égalité, en bleu ceux qui relèvent du principe de fraternité.

2 Dites par quel moyen juridique la République assure le principe d'égalité des droits.

....

....

....

....

3 Précisez à quel type d'égalité les femmes accèdent en 1944.

....

....

4 Inégalités et discriminations (c'est-à-dire le fait de traiter une personne ou un groupe de personnes différemment des autres) sont toutefois des réalités dans notre société. Donnez-en quelques exemples tirés de la vie quotidienne.

....

....

....

Je COMPRENDS

La fraternité est restée trop longtemps la grande oubliée de notre devise républicaine. Or elle en est le cœur secret : sans elle, la liberté et l'égalité sont un idéal vide [...]. Elle seule peut empêcher efficacement la liberté de basculer dans l'individualisme. Elle seule peut empêcher efficacement l'égalité de basculer dans l'affrontement entre ceux qui estiment avoir les mêmes droits. Si l'on ne veut pas que s'installent la guerre des libertés et le conflit des égaux, [...] il faut qu'ils aient été éduqués à se soucier de la liberté et de l'égalité de l'autre et de ce souci pour autrui, seul un frère en est pleinement capable.

Abdennour Bidar, extraits de *Plaidoyer pour la fraternité*, Albin Michel, 2015.

5 Soulignez dans le texte d'Abdennour Bidar la raison pour laquelle, selon le philosophe, la fraternité est *« le cœur secret »* de notre devise républicaine.

Des situations inégalitaires qui interrogent le principe d'égalité

Situation 1 À travail égal, salaire égal ?

Campagne d'affiches du Laboratoire de l'Égalité, 2016.

1 Situation 1 **Décrivez la scène représentée.**

....

....

....

....

2 Situation 1 **Nommez le groupe de personnes concernées et caractérisez la nature de l'inégalité.**

....

....

....

Situation 2 Jeunes des villes et jeunes des champs, les mêmes chances d'avenir ?

Les millions de jeunes qui vivent en dehors des 25 grandes métropoles de France affrontent des difficultés supérieures aux jeunes urbains. Cette fracture va grandissant, notamment en ce qui concerne l'orientation et la mobilité internationale. Les ruraux ont moins accès à des activités extrascolaires que les Parisiens (10 points d'écart) par exemple, et bien moins confiance dans leur capacité à faire des « études ambitieuses » (20 points d'écart). Ils ont moins accès à des cours de langues (21 % contre 42 % pour les Parisiens) et envisagent beaucoup moins de partir travailler à l'étranger (34 % contre 52 %).

Stéphane Vernay, « Grandir à la campagne : un handicap ? », *Ouest-France*, 20 novembre 2019.

Interview de Salomé Berlioux, présidente de « Chemins d'avenirs », au sujet de l'enquête « Jeunes des villes, jeunes des champs : la lutte des classes n'est pas finie », réalisée par Chemins d'avenirs, la Fondation Jean Jaurès et l'Ifop, en novembre 2019.

3 Situation 2 **Résumez la raison pour laquelle, selon l'enquête, grandir à la campagne apparaît comme une forme d'inégalité.**

....

....

....

Situation 3 Un accès au travail discriminé ?

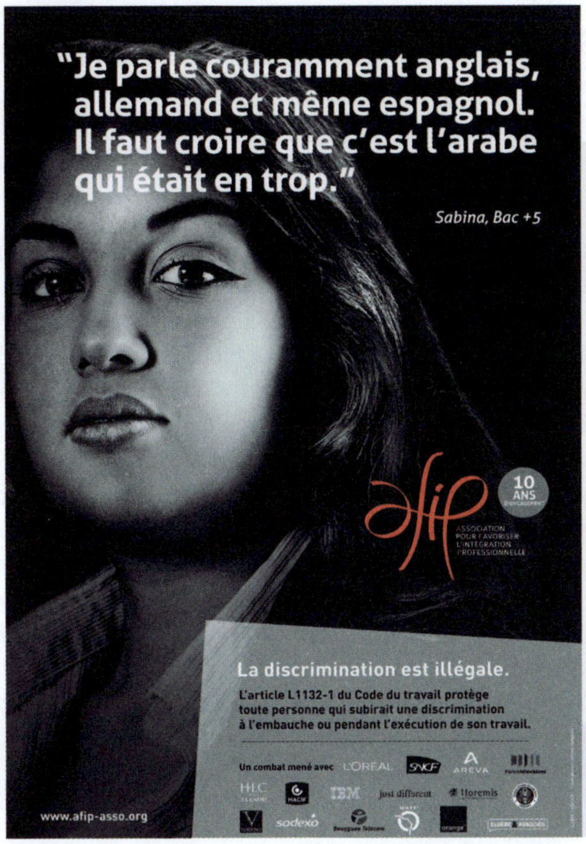

www.afip-asso.org

Laure s'est portée candidate pour un poste de gestionnaire commerciale et a été reçue en entretien. L'assistante de direction l'ayant reçue précise que son profil correspond parfaitement au poste. Pourtant, sa candidature n'a pas été retenue. L'assistante de direction lui a indiqué par téléphone que c'était en raison de sa couleur de peau, l'entreprise ne recrutant pas d'Africains. Lors d'un contrôle de l'Inspection du travail, cette dernière a constaté l'existence d'une pochette de CV [...] qui regroupe toutes les personnes d'origine africaine ou ultramarine.

Le Défenseur des droits a demandé à la société mise en cause de se rapprocher de Laure afin de lui proposer une juste indemnisation de son préjudice, de modifier ses méthodes de recrutement afin de ne plus écarter systématiquement les candidats d'origine africaine ou ultramarine et de rendre compte des suites données à ces recommandations dans un délai de 3 mois.

Site du Défenseur des droits, « Histoires vécues », octobre 2017.

Défenseur des droits : autorité indépendante, nommée par le président de la République, chargée de veiller à la protection des droits et des libertés, et de promouvoir l'égalité.

4 Situation 3 **Soulignez la raison pour laquelle Laure n'a pas été embauchée.**

5 Situation 3 **Relevez le nom de l'autorité à laquelle elle a eu recours.**

....

Situation 4 Un égal accès aux loisirs quelle que soit son orientation sexuelle ?

Campagne d'affichage du Défenseur des droits, détail.

6 Situation 4 **Expliquez en quoi l'attitude des dirigeants du club bafoue la devise républicaine.**

....

....

....

....

7 Situations 1 à 4 **L'article 1 de la Constitution de 1958 affirme « l'égalité devant la loi de tous les citoyens sans distinction d'origine, de race ou de religion ». Choisissez une de ces situations et expliquez en quoi, d'après vous, elle vous apparaît comme discriminatoire.**

....

....

....

MISE EN PERSPECTIVE

Des lois protectrices contre les inégalités et discriminations

Doc. 1 Discriminer est un délit

Campagne d'affiche 2018 de la ville de Nantes.

 # vidéo
Campagne anti-discrimination - Ville de Nantes - 1,07 min
foucherconnect.fr/20hgc052

La discrimination se définit comme une différence de traitement entre des personnes ou des groupes sur la base d'un critère illégal dans un domaine visé par la loi (emploi, logement, éducation, accès aux biens et services publics/privés). Il existe 22 critères de discrimination en droit français : lieu de résidence, origine, sexe, situation familiale, grossesse, apparence physique, vulnérabilité résultant de la situation économique, patronyme, état de santé, perte d'autonomie, handicap, caractéristiques génétiques, mœurs, orientation ou identité sexuelle, âge, opinions politiques, activités syndicales, capacité à s'exprimer dans une langue autre que le français, appartenance ou non-appartenance, vraie ou supposée, à une ethnie, une nation, une race ou une religion déterminée. L'auteur d'une discrimination peut encourir jusqu'à trois ans d'emprisonnement et 45 000 euros d'amende.

Article 225-1 du Code pénal, lois des 16 novembre 2001 et 18 novembre 2016.

1 Doc. 1 **Décrivez l'affiche, dites quelle forme de discrimination est dénoncée et précisez son objectif.**

....

....

....

....

....

2 Doc. 1 *Situations* 3 & 4 **(page précédente) Complétez le tableau suivant.**

	Fait de discrimination	Domaine visé par la loi	Critère de discrimination	Sanction encourue
Situation 3	....	....	....	....
Situation 4	....	....	....	....

Doc. 2 Égalité salariale femmes/hommes : que dit la loi ?

La loi de 1972 a inscrit dans le droit français le principe d'égale rémunération entre les hommes et les femmes. Ce principe a été rappelé et élargi depuis lors par une dizaine de lois. La dernière date du 18 septembre 2018.

Tout employeur est tenu d'assurer, pour un même travail ou un travail de valeur égale, l'égalité de rémunération entre les femmes et les hommes : ce principe interdit toute discrimination de salaire fondée sur le sexe. Tous les employeurs et tous les salariés sont concernés, qu'ils relèvent ou non du Code du travail. Les salariés du secteur public sont donc également visés.
En outre, dans les entreprises d'au moins 50 salariés, l'employeur devra désormais, chaque année, publier un « index de l'égalité femmes-hommes », établi à partir d'indicateurs précis, et mesurant la situation de son entreprise au regard de l'égalité salariale entre les femmes et les hommes. En fonction du niveau de cet index, il devra mettre en place des mesures correctives et, le cas échéant, un plan de rattrapage salarial. À défaut, il pourra se voir appliquer une pénalité financière.

Ministère du travail, publication du 13 février 2019, mise à jour le 13 août 2019.

3 Doc. 2 **Dites à quelle condition une salariée pourra faire reconnaître qu'elle est victime d'une discrimination de salaire fondée sur le sexe.**

4 Doc. 2 **Soulignez en rouge ce qu'impose la loi de 2018 et en vert les moyens utilisés pour la faire respecter.**

5 Doc. 2 **À votre avis, que nous montre cette accumulation de lois ?**

Doc. 3 L'agenda rural : un plan d'action gouvernemental en faveur des territoires ruraux

Numérique, santé, culture, éducation, commerces et services, emploi et activité économique, écologie, déplacement…, **le plan d'action en faveur des territoires ruraux** que propose le gouvernement, appelé **« Agenda rural »**, couvre de nombreux domaines. Ils touchent au quotidien des habitants, tant dans leurs activités personnelles que professionnelles, et contribuent à la cohésion sociale* et territoriale des zones rurales. Une des mesures phares de ce plan d'action en matière d'éducation est la mise en place de « campus connectés »**, ayant pour objectif de permettre aux jeunes bacheliers habitant en zones rurales de poursuivre leurs études supérieures à distance avec un accompagnement renforcé (tutorat, coach).

* Ensemble des processus contribuant à assurer à tous les individus ou groupes d'individus l'égalité des chances et des conditions, l'accès aux droits fondamentaux et au bien-être économique, social et culturel.

** 13 ont été mis en place à titre expérimental à la rentrée 2019.

Présentation de l'Agenda rural, site du ministère de la Cohésion des territoires et des Relations avec les collectivités territoriales, 20 septembre 2019.

6 Doc. 3 **Soulignez les domaines concernés par la mise en place de l'agenda rural.**

7 Doc. 3 *Situation* 2 **Expliquez pourquoi les campus connectés doivent contribuer à réduire certaines inégalités.**

Mettre en actes la fraternité pour « faire société »

Situation 1 Les Français très favorables à la diversité, en théorie…

81 % des Français considèrent que la diversité est « une bonne chose ». C'est le principal chiffre qui ressort de l'enquête OpinionWay pour le Labo de la Fraternité, un collectif de 26 associations qui œuvrent à la cohésion sociale. [...] Pour 50 % des sondés, les Français seraient aussi « prêts à échanger et agir avec des personnes dont les origines sociales, convictions religieuses ou origines ethniques sont différentes » et plus d'un tiers (36 %) estiment que l'on peut faire confiance à la plupart des gens. [...] Le problème, c'est la mise en application de cette vision. Et à ce niveau-là, il y a encore du chemin à couvrir selon les résultats de cette même enquête. La mixité sociale, religieuse ou ethnique, peine à passer de la théorie à la pratique. [...] Ainsi, seulement 46 % des Français interrogés disent « agir, organiser des actions ou collaborer » avec des personnes issues d'une génération différente. Le chiffre chute à 40 % quand on parle de milieux sociaux différents et à 36 % quand il s'agit d'une couleur de peau différente. Quand c'est la religion (34 %), l'ethnie (31 %) ou l'orientation sexuelle (28 %) qui entrent en ligne de compte, les choses n'ont pas tendance à s'améliorer. Pour les réfugiés, on chute même à 12 %. [...] Faut-il y voir une hypocrisie ? Selon l'étude, ce serait plutôt lié au manque d'occasions (46 %) ou de temps (30 %)...

LePoint.fr, 14 mai 2019.

1 Situation 1 **Résumez en une phrase le contraste entre l'idéal et la réalité exprimés dans cette enquête.**

....

....

....

2 Situation 1 **Soulignez en rouge les raisons avancées par les sondés pour expliquer ce constat.**

Situation 2 Les Tournois de la fraternité : « Fais vivre le ballon » gagne contre les préjugés

© Fraternité générale.

* Ufolep : Union française des œuvres laïques d'éducation physique.
Fraternité générale : né au lendemain des attentats de Paris de 2015, mouvement ayant pour objectif de « promouvoir la fraternité à travers des actions culturelles, pédagogiques et citoyennes partout en France ».

** Image ou idée toute faite.

*** Jugement préalable sur une personne ou un groupe de personnes.

« Nous faisons jouer ENSEMBLE, sous le même maillot, des femmes, des hommes, de toutes générations, confessions religieuses, et origines sociales et culturelle », mouvement Fraternité générale.

Un slogan : « Fais vivre le ballon ». Un contrat signé par les équipes en lice dont les trois premières clauses sont les suivantes : « Nous nous engageons à produire le plus beau football possible ; respecter l'arbitre et ses décisions ; mettre le plus de petits ponts possible... » L'une des 26 étapes de l'Ufo-Street, un tournoi national de *street football* (en équipes de 5) proposé par l'Ufolep et la Ligue de l'enseignement, s'est jouée samedi [*8 juin 2019*] à l'Esaj (Espace sportif et d'accueil de la jeunesse). [...] Le tournoi seynois était organisé avec le service jeunesse de la ville, et entrait dans le cadre du partenariat Ufolep-Fraternité générale*. La « Tournée de la fraternité » a notamment pour principe « de favoriser la mixité des publics, de lutter contre les stéréotypes**, les préjugés*** et toutes formes de haine ».

Laurence Artaud, www.leseynois.fr, site officiel du magazine municipal de la ville de La Seyne-sur-Mer, 13 juin 2019.

3 *Situation* **2** Complétez le tableau suivant.

Clauses du contrat signé par les équipes	Objectifs des Tournois de la fraternité

4 *Situation* **2** Expliquez en quoi, selon vous, ces « tournois de la fraternité » permettent de lutter contre les préjugés.

Situation 3 Des repas solidaires pour faire vivre la fraternité

Repas en couleurs organisé à Paris, le 16 mai 2019.
© *Fraternité générale.*

Jeudi 16 mai [*2019*], le mouvement Fraternité générale organise des « dîners en couleurs », place de la République à Paris, et partout en France. Le but : que chacun, quel que soit son âge, sa croyance ou son origine, se rassemble autour d'un repas joyeux et convivial. Pour cela, les participants [...] sont invités à se parer de couleurs vives et à apporter leur plat préféré, afin de le partager avec les autres convives. Le but étant ainsi de faire de nouvelles rencontres, en vivant un moment inédit de fête. [...] Le coup d'envoi sera donné jeudi à Paris, en musique dès 18 h 30, autour de l'inauguration d'une œuvre de *street art*, avant que concerts et danses ne se succèdent.

Fraternité générale, « La solidarité se met à table », CNEWS, 15 mai 2019, D.R.

5 *Situation* **3** Expliquez le choix du lieu fait par les organisateurs pour le dîner parisien.

6 *Situation* **3** Dites ce que symbolisent, à votre avis, les « couleurs vives » dont les participants « sont invités à se parer ».

7 *Situation* **3** Analysez comment l'image du repas parisien illustre le but recherché par ses organisateurs.

8 *Situations* **1 à 3** Recherchez dans la presse, ou sur le site de votre ville, département ou région, des événements de même nature, ayant pour objectif de rassembler leurs habitants au-delà de leurs différences. Présentez-en un à l'oral, dans le cadre de votre cours d'EMC.

MISE EN PERSPECTIVE

Solidarité et justice sociale : la fraternité au service de l'égalité

Doc. 1 L'égalité par l'impôt ?

Citoyens et entreprises versent de l'argent à l'État pour faire fonctionner le pays. Il existe plusieurs types d'impôts en France, comme la TVA que tout le monde paie à chaque fois que l'on achète un produit et l'impôt sur le revenu que paient les citoyens de plus de 18 ans qui gagnent de l'argent, en fonction de leurs revenus.

Principaux postes de dépenses de l'État pour 1 000 euros de recettes fiscales en 2017

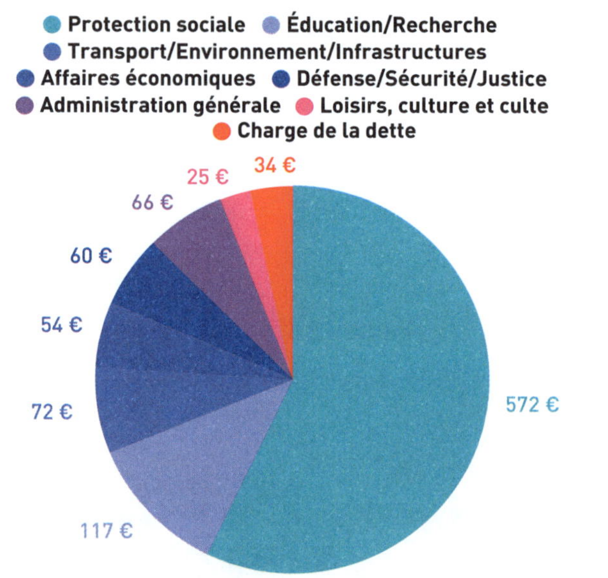

www.aquoiserventmesimpots.gouv.fr/depenses-publics.

Coût d'un élève du primaire en 2017 : 6 550 € /an.
Coût d'un élève ou apprenti dans le secondaire en 2017 : 9 890 €/an.

L'Éducation nationale en chiffres, publication 2019.

1 Doc. 1 **Calculez le pourcentage des dépenses publiques de l'État en faveur de l'éducation et la recherche.**

....

2 Doc. 1 **Expliquez comment le service public de l'éducation contribue à une meilleure justice sociale.**

....

....

....

....

Doc. 2 Le RSA, une allocation solidaire

En 1988, dans un contexte de fort taux de chômage, le Parlement vote à l'unanimité le principe du RMI (revenu minimum d'insertion), une allocation universelle assortie d'un contrat d'insertion, ouverte aux personnes sans emploi de plus de 25 ans. En 2009, le RSA (revenu de solidarité active) se substitue au RMI ouvrant ce droit à d'autres bénéficiaires.

3 Doc. 2 **Expliquez à quelle nouvelle catégorie de population s'adresse le RSA.**

....

....

....

....

4 Doc. 3 **Analysez la couverture du guide et dites comment elle traduit graphiquement les notions de solidarité et de fraternité.**

....

....

....

Doc. 3 La 35e campagne d'hiver des Restos du cœur

Comme chaque hiver depuis trente-cinq ans, les Restos du cœur* mobilisent les Français pour venir en aide aux plus démunis. La campagne 2019/2020 s'ouvre ce mardi 26 novembre pour les 73 000 bénévoles de l'association, qui seront, une fois de plus, en première ligne pour aider à lutter contre la faim et le froid. [...] Lors de la précédente campagne, 133,5 millions de repas ont été distribués par les Restos du cœur. Au total, ce sont 900 000 personnes qui ont été accueillies par les différents services de l'association, dont 30 000 bébés. [...]
Depuis plusieurs années, les Restos du cœur ne se limitent plus à la distribution de repas. [...] 3 400 personnes ont pu bénéficier d'hébergements d'urgence [...] lors de la précédente campagne, [...] 5 000 sont parties en vacances avec l'aide de l'association. Plus de 100 000 sont allées au cinéma. Des ateliers d'accompagnement scolaire, de conseil à la recherche d'emploi ou des conseils budgétaires sont également donnés.

* Association reconnue d'utilité publique, fondée par l'humoriste Coluche en 1985.

Tanguy Hamon, « Les restos du cœur lancent leur 35e campagne », CNEWS, 25 novembre 2019, D.R.

5 Doc. 3 **Complétez le tableau suivant.**

Date de création	Objectif	Moyens humains	Domaines d'intervention
....	....	....	....
....	....	....	....
....	....	....	....
....	....	....	....

6 Doc. 3 **En vous appuyant sur vos connaissances, dites de quelle manière les Restos « *mobilisent les Français* ».**

....

....

....

Doc. 4 Des jeunes lycéens engagés dans des actions solidaires

Au lycée professionnel Saint-Michel (Morbihan), des jeunes se sont engagés dans des actions de solidarité.
Les jeunes ont choisi plusieurs microprojets : la collecte de denrées et de produits d'hygiène à distribuer lors de maraudes* à Lorient, un partenariat avec une maison de retraite [...], le travail avec une association de clowns à l'hôpital. « Ils prennent conscience que la vie en société ne peut pas être individualiste, qu'on est toujours en interaction avec d'autres, que la différence est une force et qu'elle permet d'avancer ! » conclut Johann Quenault, coordinateur des activités éducatives du lycée.

* Une maraude consiste à aller à la rencontre des personnes sans abri, pour leur apporter de l'aide (matérielle et/ou immatérielle : écoute et dialogue).

Extrait de l'article « Solidarité : les jeunes s'engagent ! » du site des Apprentis d'Auteuil (apprentis-auteuil.org), 4 avril 2019, D.R.

7 Doc. 4 **Soulignez en rouge les effets de cet engagement solidaire pour les lycéens.**

8 **À l'issue de ce parcours, entourez les mots et expressions qui expriment, selon vous, la mise en pratique des actions égalitaires et fraternelles, contribuant à la cohésion nationale.**

fratrie — lois protectrices — individualisme — homophobie — solidarité — iniquité — préjudice — respect — exclusion — entraide — dignité — injustice — irrespect — justice sociale — protection sociale — altruisme — tolérance — rejet — discrimination — empathie — égoïsme — inclusion — allocation — disparité — redistribution — marginalisation

Participer à une action éducative

Encadrés par deux de vos professeurs, réalisez une collecte dans votre établissement au profit d'une association de solidarité.

Étape 1

En amont : la préparation

- Assurez-vous de l'accord et la collaboration de la direction de l'établissement.
- Prenez contact localement avec une association de solidarité intéressée par votre projet.
  Pour choisir votre association, vous pouvez consulter le site ministériel suivant :
  Puis recherchez les références locales de l'association retenue.

 # lien
Associations
foucherconnect.fr/20hgc053

- Définissez la nature de la collecte (denrées non périssables, jouets, vêtements d'enfants, produits d'hygiène…) en tenant compte des besoins exprimés par l'association.
- Trouvez une salle et du matériel de stockage avec l'accord du chef d'établissement.
- Déterminez la durée de la collecte (de quelques jours à une ou deux semaines…).
- Définissez et répartissez-vous les différentes tâches et actions : réceptionner, stocker et répertorier les dons, organiser la communication et la diffusion de l'information.
- Informez préalablement élèves et personnel de l'établissement de cet appel à dons. Vous pouvez choisir de réaliser un **flyer**, une **affiche**, de **diffuser un message** dans le journal de l'établissement…
  Pour réaliser flyer ou affiche, vous pouvez vous rendre sur les sites suivants :

 # lien
Création d'une affiche
foucherconnect.fr/20hgc054

et solidaire

Étape 2

La réalisation : collecte et remise des dons

- Organisez la réception : mise en place et tenue d'un stand de collecte (lieu, horaires d'ouverture), stockage, tri et comptabilisation des dons (sous forme de tableaux informatiques).
- Définissez en accord avec le chef d'établissement et l'association concernée la date de remise des dons.
- Prévoyez la communication pour le jour de la remise des dons : information à la presse, photographies (attention à bien respecter les textes définissant le droit à l'image), choix du mode de compte rendu de l'événement, remerciements aux divers contributeurs (élèves, administration, personnel, partenaires extérieurs…).

Étape 3

Après l'événement, en aval

- **Envoi de messages de remerciements à l'ensemble des donateurs**, sous forme de mailings ou d'affichettes.
- **Organisation d'un compte rendu** mettant en valeur la réalisation du projet sous la forme d'un article illustré par une photographie de l'opération, pour le site du lycée ou de l'établissement de formation.

Votre texte peut prendre la forme d'un article de presse et rappeler :
- *l'objectif du projet ;*
- *les partenaires intérieurs et extérieurs ;*
- *son déroulement ;*
- *ses acquis.*

Vous pouvez consulter le lien suivant pour mettre en forme votre article :
Vous pouvez également insérer un logo et illustrer l'article par des photographies prises au moment de la réception des marchandises, ou à toute autre étape de la réalisation du projet.

⚠ Attention à ne pas intégrer des images trop lourdes.

⚠ Attention également au respect du droit à l'image.

Vous pouvez consulter ce lien pour vous informer des contraintes liées au droit à l'image :

 # lien Comment rédiger un article de presse
foucherconnect.fr/20hgc055

 # lien Internet responsable
foucherconnect.fr/20hgc056

- **Bilan individuel des acquis** durant la réalisation de ce projet.

Je m'auto-évalue *Ce que j'ai développé comme compétences dans le cadre du projet*	Positionnement
Donner son avis, être force de proposition	
S'impliquer dans un travail commun et coopérer	
Organiser, planifier les tâches définies en commun	
Mener une recherche en utilisant les ressources Internet	
Utiliser les outils numériques appropriés	
Communiquer auprès des différents partenaires	
Rendre compte de l'événement	

Je m'interroge : en quoi ce projet a-t-il contribué à une meilleure connaissance du monde qui m'entoure et à développer ma conscience citoyenne ?

…………………………………………………………………………………………

…………………………………………………………………………………………

J'ÉVALUE MES COMPÉTENCES...

CAPACITÉS MOBILISÉES
- Connaître les valeurs et les principes de la République.
- Analyser des documents en faisant preuve d'esprit critique.
- Exprimer une argumentation cohérente et étayée.

EMC **THÈME 1**

Égaux et fraternels

> À l'issue de l'étude du thème, je révise et je m'entraîne sur des capacités du programme.

J'analyse des documents et je les replace dans le contexte du thème

Doc. 1 Discriminer est un délit

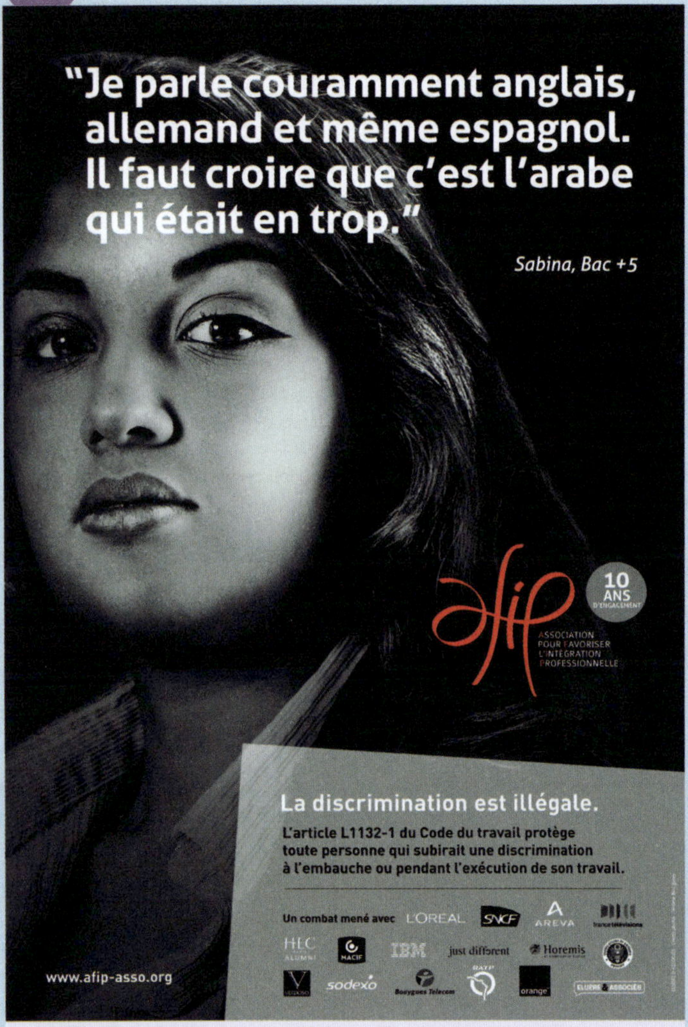

Campagne de communication de l'AFIP (Association pour favoriser l'intégration professionnelle), 2012.

Doc. 2 Exercer le droit à l'égalité

Le Défenseur des droits fait avancer la connaissance et ses travaux permettent d'objectiver* les inégalités de traitement et les rapports de domination ainsi que les préjugés qui, dans l'emploi en particulier, compromettent gravement l'égalité en dignité et en droits que la loi impose, quelles que soient les caractéristiques personnelles et les différences de situation. Il rappelle à l'ordre, redresse les comportements et, par l'office du juge, fait prévaloir l'égalité. [...]
Mon vœu ultime est [...] que le droit et les droits contribuent à reconstruire « chose commune », à mettre fin à la ségrégation dans laquelle sont relégués trop de nos concitoyens. Si nous n'y prenons garde, la République, sa devise, ses principes, son état de droit pourraient devenir le « privilège » de quelques-uns. Je crois résolument qu'un effort collectif de justice et d'égalité nous assurera que la République reste le bien de toutes et de tous et que chacun et chacune se ressentira demain comme appartenant pleinement à la communauté des égaux, égaux en dignité, en droit et en humanité.

* Rendre visible la réalité de ces inégalités.

Extrait des vœux du Défenseur des droits Jacques Toubon le 17 janvier 2020. Depuis 2011, le Défenseur des droits est nommé par le président de la République pour six ans.

1 Doc. 1 et 2 Présentez chacun des deux documents et dégagez leurs points communs.

Document 1	Document 2
....	....
....	....
....	....
Points communs	
....	
....	

2 Doc. 1 Décrivez le document.

....

....

....

....

....

3 Doc. 1 « La discrimination est illégale. » En vous appuyant sur vos connaissances, précisez quel type de sanction encourent les auteurs de discriminations.

....

4 Doc. 2 Soulignez en bleu le principe républicain qui fonde, selon Jacques Toubon, l'action du Défenseur des droits.

5 Doc. 2 Soulignez en rouge les moyens employés par le Défenseur des droits pour lutter contre les discriminations.

6 Doc. 2 Relevez les risques qui, selon le Défenseur des droits, menacent la cohésion sociale et dites comment il espère que les citoyens sauront y remédier.

....

....

....

....

....

....

....

7 Dites quelles actions à l'école, dans l'entreprise, ou dans votre localité, vous pourriez entreprendre pour lutter contre les inégalités et discriminations et contribuer à la cohésion sociale.

....

....

....

....

....

THÈME
2
EMC

Préserver la paix et protéger les valeurs communes : défense et sécurité en France et en Europe

La République française fonde la défense et la sécurité de la population sur une armée et une police nationale, dont elle garantit les valeurs à partir de la Déclaration des droits de l'homme et du citoyen et de la Constitution. Défendre la nation française : sur quelles valeurs, dans quels buts et par quels moyens ?

Je DÉCOUVRE

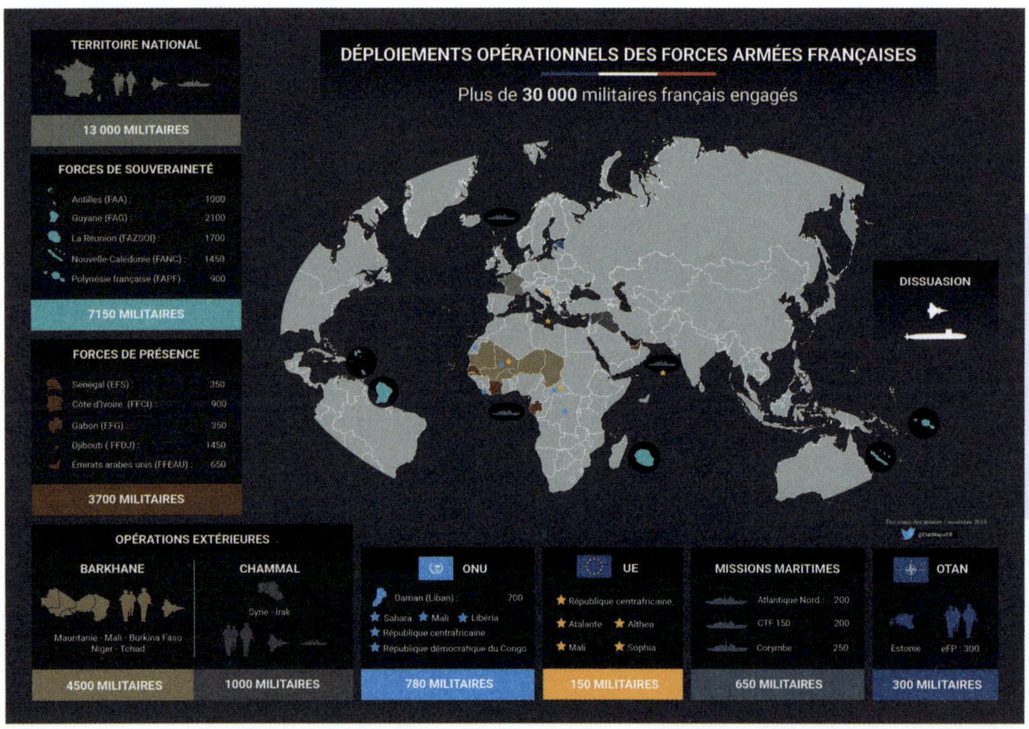

Représentation des opérations et missions militaires de l'armée française en 2019, provenant de l'état-major des armées, ministère des Armées.
On appelle opération extérieure (OPEX) les interventions militaires de la France en dehors de son territoire souverain.

Quels sont les deux espaces dans lesquels les armées françaises sont le plus déployées ?

....

....

Identifiez la nature des différents engagements de l'armée française dans le monde.

....

....

....

....

....

Je me REPÈRE

1992 → Le traité de Maastricht crée la politique étrangère et de sécurité commune (PESC)

1998 → Au sommet franco-britannique de Saint-Malo, est créée la politique européenne de sécurité et de défense (PESD)

2003 → Première opération de l'Union européenne en Macédoine

2016 → Sommet de Varsovie sur la coopération entre l'OTAN et l'UE en matière de sécurité et de défense

Un détachement de l'Eurocorps devant le Parlement européen.

1 **Expliquez pourquoi l'Union européenne se dote d'une politique de défense et de sécurité commune.**

....

....

....

....

2 **De quelle manière la France contribue-t-elle à cette politique ?**

....

....

....

Je COMPRENDS

Dans un contexte stratégique où l'Europe est appelée à assumer une plus grande part de responsabilité pour sa sécurité, des réponses plus collectives de l'Union européenne appellent des moyens en partage et un engagement fort et coordonné de chacun de ses États membres, la crise financière donnant à celles-ci un caractère d'urgence. Pour sa part, la France estime qu'elle contribuera d'autant mieux à une réponse collective qu'elle aura su garder une capacité d'initiative et d'entraînement. [...]
Face aux risques et aux menaces, la première condition du succès demeure la volonté déterminée d'y faire face en consentant l'effort nécessaire. La défense et la sécurité de la Nation reposent sur l'intervention des institutions publiques, civiles et militaires. Elles requièrent la sensibilisation, l'association et l'adhésion de l'ensemble de nos concitoyens. Les Français sont acteurs et responsables de leur propre sécurité. L'esprit de défense, au sens le plus large du terme, est à cet égard le premier fondement de la sécurité nationale. Il est la manifestation d'une volonté collective, assise sur la cohésion de la nation et une vision partagée de son destin.

Extrait de l'introduction du *Livre blanc Défense et Sécurité nationale*, ministère de la Défense, 2013, © DILA.

3 **Pourquoi le citoyen est-il au cœur de l'esprit de défense ?**

....

....

....

....

Assurer la paix et la sécurité

Situation 1 Une patrouille Sentinelle du plan Vigipirate

1 Situation 1 Décrivez la photo et identifiez les forces qui assurent la sécurité nationale en France.

....

....

....

2 Situation 1 Indiquez l'objectif de la protection mise en œuvre sur cette photographie.

....

....

....

Situation 2 Une séance du Conseil de défense et de sécurité nationale

Le Conseil de défense et de sécurité nationale définit les orientations en matière de programmation militaire, de dissuasion, de conduite des opérations extérieures, de planification des réponses aux crises majeures, de renseignement, de sécurité économique et énergétique, de programmation de sécurité intérieure concourant à la sécurité nationale et de lutte contre le terrorisme. Il en fixe les priorités.
Dans sa formation plénière, le Conseil de défense et de sécurité nationale comprend, outre le président de la République, qui le préside : le Premier ministre ; le ministre de la Défense ; le ministre de l'Intérieur ; le ministre chargé de l'Économie ; le ministre chargé du Budget ; le ministre des Affaires étrangères.

Décret n° 2009-1657 du 24 décembre 2009.

3 Situation 2 Soulignez les principaux objectifs du Conseil de défense et de sécurité nationale.

4 Situation 2 Pour quelle raison le Conseil de défense réunit-il plusieurs ministres autour du président de la République ?

....

....

Situation 3 L'opération Barkhane pour lutter contre le terrorisme

Une OPEX (opération extérieure) française : ici, il s'agit d'une patrouille des forces françaises de l'opération Barkhane, dans le nord du Burkina Faso, 9 novembre 2019.

5 Situation 3 **À partir la carte page 128, indiquez où a lieu l'opération Barkhane et combien de soldats elle concerne.**

....

6 Situation 3 **Selon vous, quels sont les objectifs de cette opération ?**

....

....

....

Situation 4 L'opération européenne Atalante

La piraterie maritime, mentionnée dans le rapport de mise en œuvre de la stratégie européenne de sécurité, est une des priorités dont l'Europe s'est pleinement saisie. L'opération Atalante, lancée en novembre 2008, est la première opération maritime de la politique européenne de sécurité et de défense (PESD) et la première opération navale européenne.

www.defense.gouv.fr.

 # vidéo
Eureka sur la défense européenne
- 3,46 min
foucherconnect.fr/20hgc057

7 Situation 4 **Quel est l'objectif de l'opération Atalante ?**

....

....

....

8 Situation 4 **Comment expliquez-vous la participation de la France à cette opération ?**

....

....

MISE EN PERSPECTIVE

Défense et sécurité, pour garantir la démocratie

Doc. 1 La défense, un principe des droits de l'homme

Art. 12. La garantie des droits de l'homme et du citoyen nécessite une force publique : cette force est donc instituée pour l'avantage de tous, et non pour l'utilité particulière de ceux auxquels elle est confiée.

Extrait de la *Déclaration des droits de l'homme et du citoyen*, 26 août 1789.

1 Doc. 1 **Interprétez la présence de soldats autour du texte.**

....

....

....

2 Doc. 1 **Sur quel principe repose la défense nationale ?**

....

....

....

....

Doc. 2 La suspension du service militaire en 1997

Le 28 mai 1996, Jacques Chirac, président de la République, annonce la professionnalisation des armées et la suppression du service national. Ce dernier ne sera pas supprimé mais suspendu par la loi du 28 octobre 1997.

 # vidéo
Allocution de Jacques Chirac sur le service militaire - 3,37 min
foucherconnect.fr/20hgc058

J'ai constaté que la professionnalisation des armées était comprise et acceptée par la très grande majorité des Français, et je m'en suis réjoui. J'ai constaté aussi que se manifestait une forte préférence en faveur d'un service national fondé sur le volontariat mais assorti d'un rendez-vous obligatoire entre les jeunes et la nation. J'ai pris acte de ces orientations et je m'en suis entretenu avec le Premier ministre et le ministre de la Défense. Je propose donc que le service national que nous connaissons aujourd'hui soit supprimé dès le 1er janvier 1997 et qu'il cède la place à des volontariats, tout en maintenant le principe d'un rendez-vous entre la nation et sa jeunesse. C'est une décision dont chacun mesure l'importance. Elle tourne une page de notre histoire nationale. [...]
Si le service national est peu à peu devenu inadapté, je dois et je veux défendre l'idéal républicain auquel il se réfère, qui est un idéal d'égalité, un idéal de solidarité, un idéal de patriotisme. C'est pourquoi je souhaite que chaque jeune Français, dans l'année de sa majorité, vive une rencontre avec la nation. Ce rendez-vous citoyen ne doit pas souffrir d'exception.

Intervention télévisée du président de la République, palais de l'Élysée, 28 mai 1996.

3 Doc. 2 **Pourquoi le Président Chirac dit-il que cette décision « tourne une page de notre histoire nationale » ?**

....

....

4 Doc. 2 **Soulignez dans le texte ce qui motive cette décision.**

Doc. 3 La création du service national universel (SNU) en 2018

[...] Le service national universel est l'une des manières, pour chaque Français, de remplir son devoir de concourir à la défense et à la cohésion de la nation. Le Premier ministre, M. Édouard Philippe, indiquait quant à lui dans la lettre de mission du 1er septembre dernier confiant à plusieurs inspections une mission relative à la mise en place d'un service national universel et obligatoire, que « *l'instauration d'un service national universel, souhaité par le président de la République, poursuit plusieurs objectifs : permettre à chaque jeune Français de faire l'expérience de la mixité sociale et de la cohésion républicaine ; accroître la résilience* de la nation face aux risques et menaces qui pèsent sur notre pays ; permettre à l'ensemble de notre jeunesse de devenir acteur de l'esprit de défense ; contribuer à développer la conscience et la responsabilité de chaque jeune ainsi que leur culture de l'engagement* ». Aux yeux de vos rapporteures, il s'agit là d'une déclinaison d'un seul objectif : contribuer à former des citoyens. L'accroissement de la résilience du pays, le développement de l'esprit de défense, la diffusion d'une information quant aux droits et devoirs et les incitations à l'engagement participent en effet de la construction du citoyen, inséré dans la société, prêt à s'engager pour la défendre selon ses capacités. La mixité sociale ou la réalisation d'une photographie d'une classe d'âge sont, quant à elles, des modalités pour atteindre cet objectif. [...]

* Résilience : capacité à prendre un nouveau départ après un traumatisme.

Commission de la défense nationale et des forces armées, *Rapport d'information*, n° 667, Assemblée nationale, 14 février 2018.

5 Doc. 3 **De quelle manière le SNU contribue-t-il à développer l'esprit de défense ?**

....

....

....

6 Doc. 1 à 3 et carte p. 128 **Complétez le schéma pour mieux comprendre les enjeux de défense et de sécurité de la Nation.**

Esprit ....

Nation
....

Citoyen
- ....
- ....
- ....

État
- ....
- ....
- ....

Objectifs et actions

Défense :
- ....
- ....

Sécurité :
- ....
- ....

Mener l'enquête sur le complotisme

Internet et les réseaux sociaux nous mettent-ils en danger ?

Doc. 1 Une loi pour lutter contre les fausses informations

Art. 11 – Les opérateurs de plateforme en ligne [...] mettent en œuvre des mesures en vue de lutter contre la diffusion de fausses informations susceptibles de troubler l'ordre public ou d'altérer la sincérité d'un des scrutins [électoraux] [...].
Ils mettent en place un dispositif facilement accessible et visible permettant à leurs utilisateurs de signaler de telles informations, [...] des mesures complémentaires pouvant notamment porter sur : [...]
3° La lutte contre les comptes propageant massivement de fausses informations ;
4° L'information des utilisateurs sur l'identité de la personne physique ou la raison sociale, le siège social et l'objet social des personnes morales leur versant des rémunérations en contrepartie de la promotion de contenus d'information se rattachant à un débat d'intérêt général ;
5° L'information des utilisateurs sur la nature, l'origine et les modalités de diffusion des contenus ;
6° L'éducation aux médias et à l'information.

Extrait de la loi du 22 décembre 2018 relative à la lutte contre la manipulation de l'information.

Doc. 2 Le détecteur de théorie du complot

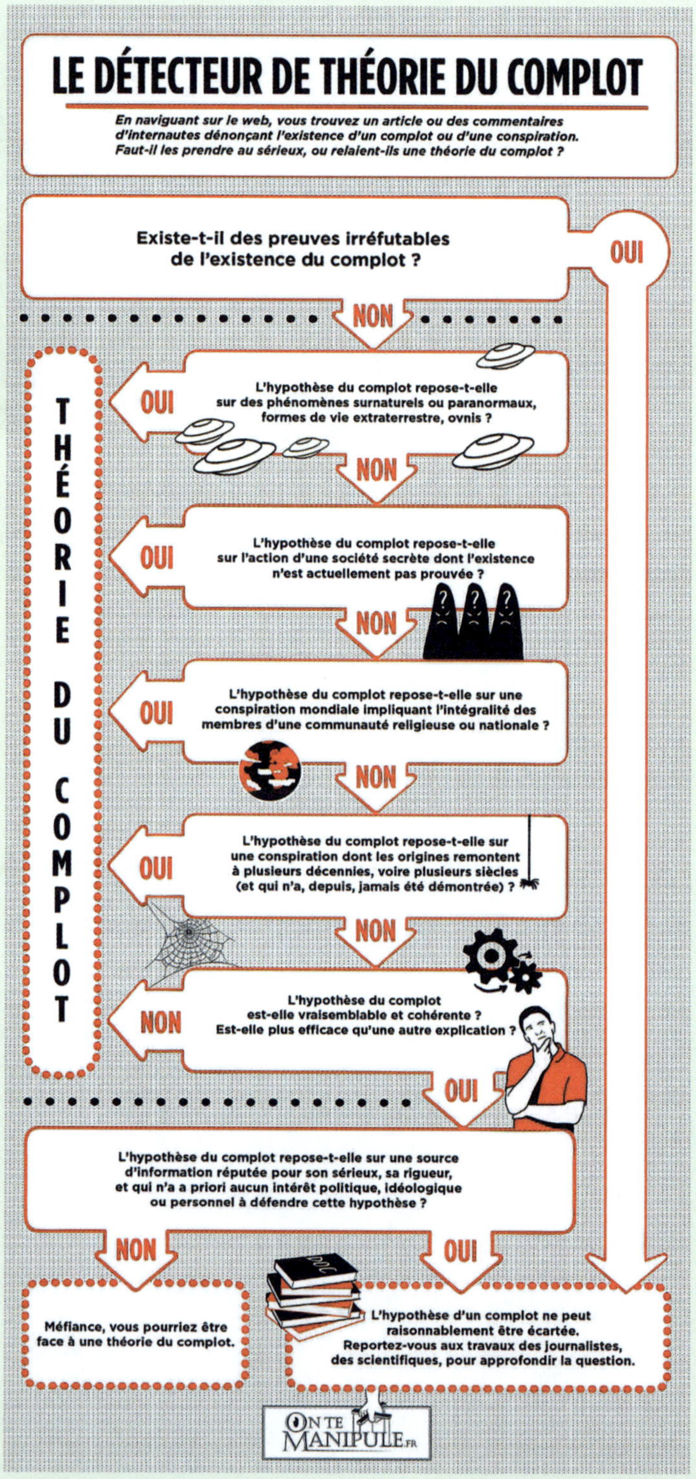

Site « OnTeManipule.fr », gouvernement.fr/on-te-manipule, 2016.

1 Doc. 1 **Soulignez ce qui peut être évité en empêchant la diffusion de fausses informations.**

2 Doc. 1 **Cette loi vise à protéger les citoyens en assurant leur :**

- ☐ défense
- ☐ sécurité

3 Doc. 2 **Qui est à l'origine de ce détecteur ? Pourquoi ?**

....

....

....

....

....

DÉMARCHE DE PROJET

Enquêtez sur le complot des chemtrails (« traînées chimiques »).

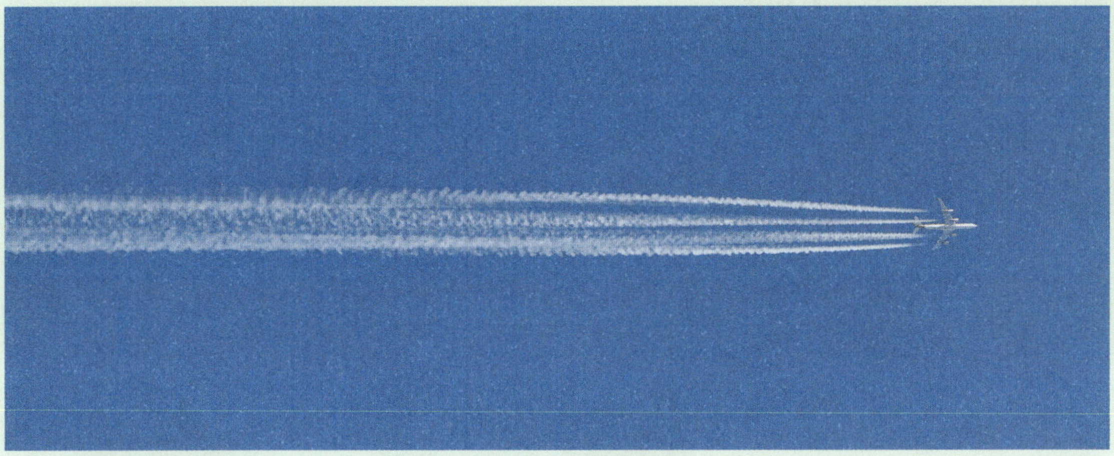

 # vidéo
Les avions diffusent-ils des produits chimiques à notre insu ?
- 4,28 min
foucherconnect.fr/20hgc059

Étape 1

Recherchez sur un réseau social de votre choix une publication qui expose cette théorie du complot.

> Titre de la source : ……………………………………………………

> Adresse de la source : ……………………………………………………

Étape 2

Passez les arguments au détecteur de complot (doc. 2)

> L'hypothèse du complot repose sur l'idée ……………………………………………………

> L'hypothèse du complot repose sur des sources ……………………………………………………

Étape 3

Identifiez les stratégies qui sont utilisées pour :

> semer la confusion : ……………………………………………………

> développer la haine contre des individus ou les stigmatiser : ……………………………………………………

> accentuer un sentiment d'injustice et de trahison : ……………………………………………………

Étape 4

À partir de votre recherche et de la vidéo ci-dessus, résumez pourquoi le complot des *chemtrails* est une désinformation.

……………………………………………………

J'ÉVALUE MES COMPÉTENCES...

CAPACITÉS MOBILISÉES
- Connaître les valeurs et les principes de la République.
- Analyser des documents en faisant preuve d'esprit critique.
- Exprimer une argumentation cohérente et étayée.

EMC THÈME 2

Préserver la paix et protéger des valeurs communes : défense et sécurité en France et en Europe

> À l'issue de l'étude du thème je révise et je m'entraîne sur des capacités du programme.

Je mobilise les connaissances du thème

• Complétez la liste des missions de l'armée française puis, associez chaque mission identifiée à une photo (plusieurs réponses sont possibles).

Doc. 1 Les missions de l'armée

1. ....
2. Intervenir dans les opérations de police sur le territoire.
3. ....
4. Assurer la sécurité routière.
5. ....
6. Assurer la garde dans les prisons françaises.
7. ....
8. Assurer la protection des membres du gouvernement.
9. ....

Mission(s) : ....

Mission(s) : ....

Mission(s) : ....

Mission(s) : ....

J'analyse un document et je le replace dans les enjeux du thème

Doc. 2 La réforme du service national en 1997

Débats en préalable au vote de la loi n° 97-1019 du 28 octobre 1997 qui définit les nouvelles obligations du service national universel. En juin, des élections législatives ont fait basculer l'Assemblée nationale de la droite vers la gauche. M. Cochet, député du Val d'Oise, est membre du parti « Les Verts », classé à gauche, et M. Lellouche, député de Paris, du « Rassemblement pour la République », classé à droite. Le gouvernement est dirigé par le premier ministre socialiste Lionel Jospin.

M. Alain Richard, ministre de la défense. Monsieur le président, Mesdames, Messieurs les députés, les débats sur la réforme du service national ont permis la confrontation de toutes les sensibilités et de toutes les opinions. [...] Il s'agissait bien, par un texte incluant les objectifs de la professionnalisation, de concrétiser un double souhait commun à tous les parlementaires, à tous les représentants de notre opinion publique : le maintien du lien armée-nation et la garantie qu'on pourrait rétablir l'appel sous les drapeaux si la sécurité du pays venait à l'exiger. [...]

M. Yves Cochet. [...] Il est normal que nos jeunes, à travers l'enseignement scolaire, soient avertis des différentes propositions de la stratégie et de la politique de défense du Gouvernement, mais aussi de ce que l'on peut appeler l'éducation à la paix sous toutes ses formes, qui intéresse et concerne non seulement nos jeunes mais aussi l'opinion publique internationale, notamment. [...]

M. Pierre Lellouche. [...] En conclusion, mes chers collègues, nous sommes tous d'accord pour penser que l'intérêt du pays est d'évoluer vers une armée ajustée aux réalités stratégiques de l'après-guerre froide. Une armée, mon cher collègue Cochet, qui prenne aussi en compte les risques de terrorisme, notamment nucléaire, qui me préoccupent. [...]

M. Alain Richard, ministre de la défense. [...]. J'insiste sur le fait que les missions confiées à notre défense ne se résument pas à la protection. Quatre grandes missions lui sont assignées : la dissuasion, la projection, la prévention et la protection, ce qui est une façon d'indiquer que la protection du territoire est une mission clé de notre défense.

Réforme du service national : extrait des débats de l'Assemblée nationale Séance du 21 octobre 1997, comptes rendus de la XIe législature (1997-2002).

1 Quelles sont les personnes qui prennent la parole ? Quel est le sujet de leurs échanges ?

....

....

....

....

2 Pourquoi l'État français choisit-il de transformer ainsi son armée nationale ?

....

....

....

3 Quelles sont les 4 missions qui sont confiées à l'armée ?

....

....

....

4 Relevez les inquiétudes des deux députés par rapport à ces nouveaux changements

....

....

....

....

5 Expliquez comment le gouvernement peut faire pour répondre à ces interrogations.

....

....

....

6 À partir de 2019, le gouvernement met en place le SNU à destination des jeunes de 15 à 16 ans. Expliquez comment ce nouveau dispositif peut répondre aux enjeux de la relation entre une nation et son armée.

....

....

....

....

....

....

....

....

....

....

....

Thème 1 Égaux et Fraternels

Écrivez ici ce que vous avez conduit comme projets dans votre classe, dans les centres de formations ou dans les entreprises à l'occasion de vos périodes de formation en milieu professionnel.

Indiquez aussi tous les événements personnels en lien avec le thème (lectures, rencontres, visites...).

Préserver la paix et protéger des valeurs communes : défense et sécurité en France et en Europe

Thème 2

Écrivez ici ce que vous avez conduit comme projets dans votre classe, dans les centres de formations ou dans les entreprises à l'occasion de vos périodes de formation en milieu professionnel.

Indiquez aussi tous les événements personnels en lien avec le thème (lectures, rencontres, visites...).

....
....
....
....
....
....
....
....
....
....
....
....
....
....
....
....
....
....
....
....
....
....

Mise en œuvre des capacités

Complétez le tableau en positionnant votre travail sur les capacités.

HISTOIRE **Premier thème • Hommes et femmes au travail en métropole et dans les colonies françaises (XIXe siècle-1re moitié du XXe siècle)**		
Capacités travaillées	Élève	Professeur
Construire une frise chronologique identifiant les acteurs de la question sociale, leurs modalités d'action et les principales avancées sociales sur la période étudiée (métropole et colonies).		
Contextualiser une/des œuvre(s) mettant en scène des femmes ou des hommes au travail pour conduire une analyse historique.		
Raconter individuellement ou collectivement le quotidien d'une femme ou d'un homme au travail au XIXe siècle ou dans la première moitié du XXe siècle à partir de recherches dans la région du lycée des élèves (écomusées, musées et patrimoine industriel, agricole, archives locales, mémoires orales et récits ouvriers par exemple).		
Second thème • Guerres européennes, guerres mondiales, guerres totales (1914-1945)		
Capacités travaillées	Élève	Professeur
Compléter et mettre en relation deux cartes présentant la dimension mondiale des deux guerres (fronts, rôle des empires coloniaux).		
Confronter des points de vue sur les traités de paix des années 1920.		
Raconter l'engagement d'un acteur défenseur de la paix.		
Rechercher des informations sur les processus de déportation pendant la Seconde Guerre mondiale depuis la France (par exemple de la région du lycée) pour en rendre compte à l'oral ou à l'écrit à titre individuel ou collectif.		

GÉOGRAPHIE

Premier thème • La recomposition du territoire urbain en France : métropolisation et périurbanisation

Capacités travaillées	Élève	Professeur
Analyser un paysage urbain ou périurbain à partir d'une photographie ou une image satellite pour réaliser le croquis d'un aménagement.		
Décrire et expliquer les mobilités et les activités du quotidien d'un habitant d'une métropole ou d'une commune périurbaine (à l'oral ou à l'écrit).		
Identifier les acteurs intervenant dans l'aménagement d'un territoire périurbain (schéma, texte…).		
Confronter des points de vue sur un aménagement périurbain (débat) en exerçant son esprit critique.		

Second thème • L'Afrique, un continent en recomposition

Capacités travaillées	Élève	Professeur
Situer quelques ressources stratégiques (eau, énergie, matières premières par exemple) en Afrique.		
Caractériser l'urbanisation du continent africain à partir de cartes.		
Rendre compte à l'oral de manière individuelle ou collective des stratégies d'implantation de la Chine en Afrique.		

Extrait des programmes

HISTOIRE – États et sociétés en mutations (XIXe siècle-1re moitié du XXe siècle)

Thème 1 • Hommes et femmes au travail en métropole et dans les colonies françaises (XIXe siècle-1re moitié du XXe siècle)

Notions et mots-clés	Capacités	Repères[1]
Agriculture Artisanat Droits sociaux Exode rural Féminisation des emplois Industrialisation Instruction publique Plantations Question sociale Syndicat Usine **Notions et mots-clés déjà mobilisés dans le cycle de formation** *Empire colonial* *Esclavage*	**Construire** une frise chronologique identifiant les acteurs de la question sociale, leurs modalités d'action et les principales avancées sociales sur la période étudiée (métropole et colonies). **Contextualiser** une/des œuvre(s) mettant en scène des femmes ou des hommes au travail pour conduire une analyse historique. **Raconter** individuellement ou collectivement le quotidien d'une femme ou d'un homme au travail au XIXe siècle ou dans la première moitié du XXe siècle à partir de recherches dans la région du lycée des élèves (écomusées, musées et patrimoine industriel, agricole, archives locales, mémoires orales et récits ouvriers par exemple).	*1831 : Révolte des canuts lyonnais.* *1848 : Ateliers nationaux et seconde abolition de l'esclavage en France.* 1864 : Reconnaissance du droit de grève. *1881-82 : Lois Ferry : Jules Ferry et l'école gratuite, laïque, et obligatoire.* Décret de création des premières écoles nationales professionnelles. 1884 : Loi Waldeck-Rousseau sur le droit de se réunir en syndicat. 1898 : Loi sur l'indemnisation des accidents du travail. 1901 : Loi sur le droit d'association. 1919 : Loi Astier sur l'enseignement technique. 1928 : Loi sur les assurances sociales. *1936 : Front populaire, lois sociales, accords de Matignon et réformes de Jean Zay.* 1946 : Loi Houphouët-Boigny, abrogation du travail forcé dans les colonies.

Lien avec l'histoire : « **Métiers, compagnons, compagnonnage et chef-d'œuvre au XIXe siècle** » (classe de seconde).
Lien avec le français : « **Lire et suivre un personnage : itinéraires romanesques** » (classe de première) et « **Dire, écrire, lire le métier** » (co-intervention).

Thème 2 • Guerres européennes, guerres mondiales, guerres totales (1914 1945)

Notions et mots-clés	Capacités	Repères[1]
Anticolonialisme Antisémitisme France libre Génocide Guerre mondiale Guerre totale Propagande SDN, ONU **Notions et mots-clés déjà mobilisés dans le cycle de formation** *Empire colonial*	**Compléter et mettre en relation** deux cartes présentant la dimension mondiale des deux guerres (fronts, rôle des empires coloniaux). **Confronter** des points de vue sur les traités de paix des années 1920. **Raconter** l'engagement d'un acteur défenseur de la paix. **Rechercher** des informations sur les processus de déportation pendant la Seconde Guerre mondiale depuis la France (par exemple de la région du lycée) pour en rendre compte à l'oral ou à l'écrit à titre individuel ou collectif.	*1914-18 : Grande Guerre.* 1915 : Génocide des Arméniens et d'autres populations chrétiennes de l'Empire ottoman. 28 juin 1919 : Signature du traité de Versailles. 1937 : Début de la guerre en Asie (agression du Japon contre la Chine). 30 septembre 1938 : Accords de Munich. *1939-1945 : Seconde Guerre mondiale ; génocides des Juifs et des Tsiganes.* *18 juin 1940 : Appel du général de Gaulle* 28 août 1940 : Brazzaville, capitale de la France libre. 1943 : Publication du *Manifeste du peuple algérien*. 8 mai 1945 : Fin de la Seconde Guerre mondiale en Europe, massacres de Sétif et Guelma. *26 juin 1945 : Charte de San Francisco (Création de l'ONU).* 6 et 9 août 1945 : Bombardements atomiques sur Hiroshima et Nagasaki.

Lien avec l'histoire : « **Hommes et femmes au travail en métropole et dans les colonies françaises (XIXe siècle-1re moitié du XXe siècle)** » (classe de première) et « **Vivre en France en démocratie depuis 1945** » (classe terminale).

GÉOGRAPHIE

Recompositions du monde

Thème 1 • La recomposition du territoire urbain en France : métropolisation et périurbanisation

Notions et mots-clés	Capacités	Repères[1]
Aires urbaines Aménagement Conflits d'usage Habiter Objectifs de développement durable Espace périurbain Pôle urbain Espace rural **Notions et mots-clés déjà mobilisés dans le cycle de formation** *Développement durable* *Mobilité*	**Analyser** un paysage urbain ou périurbain à partir d'une photographie ou une image satellite pour réaliser le croquis d'un aménagement. **Décrire et expliquer** les mobilités et les activités du quotidien d'un habitant d'une métropole ou d'une commune périurbaine (à l'oral ou à l'écrit). **Identifier** les acteurs intervenant dans l'aménagement d'un territoire périurbain (schéma, texte…). **Confronter** des points de vue sur un aménagement périurbain (débat) en exerçant son esprit critique.	Une dizaine d'aires urbaines françaises parmi les plus peuplées. Les principaux pôles urbains. Les acteurs participant à l'aménagement des territoires à toutes les échelles. Les espaces périurbains dans la région administrative de l'élève. Un espace périurbain dynamique et un espace périurbain en difficulté (si possible dans le territoire de proximité de l'élève). Les espaces d'activité (ZAC, ZI par exemple) dans les communes périurbaines : identification des espaces d'activité.

Lien avec le français : « **Créer, fabriquer : l'invention et l'imaginaire** » (classe de première).
Lien avec l'EMC : « **Égalité et fraternité en démocratie** » (classe de première).

Thème 2 • L'Afrique, un continent en recomposition		
Notions et mots-clés	**Capacités**	**Repères[1]**
Développement Gouvernance Recompositions territoriales Ressources Zone économique spéciale	**Situer** quelques ressources stratégiques (eau, énergie, matières premières par exemple) en Afrique. **Caractériser** l'urbanisation du continent africain à partir de cartes. **Rendre compte** à l'oral de manière individuelle ou collective des stratégies d'implantation de la Chine en Afrique.	*L'aire régionale africaine étudiée : quelques métropoles, un État pour l'aire africaine, un axe de circulation.* *Une puissance émergente (Chine ou Inde).* Les principaux États africains disposant de ressources énergétiques et minières. Les principaux États africains qui reçoivent des prêts chinois (Soudan, Afrique du Sud, Angola, Algérie, Nigéria, Mozambique, Éthiopie). Les lieux de passage commerciaux stratégiques terrestres et maritimes en Afrique. Quelques aménagements d'infrastructures de transport réalisés en Afrique avec des financements étrangers (chinois ou européens). Trois ports stratégiques (Mombasa, Djibouti, Port-Soudan) des « nouvelles routes de la soie ».
Lien avec l'histoire : « **L'expansion du monde connu (XVe-XVIIIe siècles)** » (classe de seconde).		

ENSEIGNEMENT MORAL ET CIVIQUE – Égalité et fraternité en démocratie

Thème 1 • Égaux et fraternels	
Notions	**Repères et références[1]**
Cohésion nationale Dignité Discrimination Égalité Fraternité Impôt Justice sociale Service national universel Suffrage universel	1928 : Fondation à Paris de la Ligue internationale contre l'antisémitisme (LICA) devenue LICRA en 1932. *1944 : Droit de vote des femmes.* *1945 : Création de la sécurité sociale.* 1947 : Plan Langevin-Wallon. 1972 : Loi relative à la lutte contre le racisme. 1975 : Loi sur l'intégration des personnes handicapées. 1985 : Ouverture du premier « Resto du cœur ». 1986 : Loi Roudy sur l'égalité professionnelle entre les hommes et les femmes. 1988 : Création du revenu minimum d'insertion (devenu revenu de solidarité active en 2009). 1990 : Loi Gayssot tendant à réprimer tout acte raciste, antisémite ou xénophobe. 2000 : Loi relative à la solidarité et au renouvellement urbain (SRU). 2005 : Loi pour l'égalité des droits et des chances, la participation et la citoyenneté des personnes handicapées. 2006 : Plan Solidarité grand âge. 2007 : Charte des droits fondamentaux de l'Union européenne. 2014 : Loi pour l'égalité réelle entre les hommes et les femmes.
Lien avec les programmes d'histoire : thème 2 en classe de seconde : « **L'Amérique et l'Europe en révolution des années 1760 à 1804** » ; thème 1 en classe de première : « **Hommes et femmes au travail en France et dans les colonies françaises (XIXe siècle - 1re moitié du XXe siècle)** » ; thème 2 en classe de première : « **Guerres européennes, guerres mondiales, guerres totales (1914-1945)** » ; thème 2 en classe terminale : « **Vivre en France en démocratie depuis 1945** ». Lien avec les programmes de géographie : thème 1 en classe de première : « **La recomposition du territoire urbain en France : métropolisation et périurbanisation** ». Lien avec les programmes de PSE : module C12 en classe terminale, « **L'égalité de traitement au travail** ». Lien avec les programmes d'EPS : Objectifs généraux : « **Exercer sa responsabilité dans un engagement personnel et solidaire** ».	

Thème 2 • Préserver la paix et protéger des valeurs communes : défense et sécurité en France et en Europe	
Notions	**Repères et références[1]**
Conscription Coopération Politique européenne de sécurité et de défense (PESD) Sécurité Terrorisme	*Déclaration des droits de l'Homme et du citoyen du 26 août 1789 (art. 12).* *1992 : Traité de Maastricht : création de la politique étrangère et de sécurité commune (PESC). Création de l'Eurocorps qui regroupe cinq États membres.* 1997 : Suspension du service national. 1998 : Sommet franco-britannique de Saint-Malo : création de la politique européenne de sécurité et de défense (PESD). 2003 : Première opération de l'Union européenne en Macédoine. 2009 : Création du Conseil de défense et de sécurité nationale. 2016 : Sommet de Varsovie (coopération OTAN-UE) et implication directe de la Commission européenne dans les questions de défense. 2018 : Création du service national universel (SNU).
Lien avec les programmes d'histoire : thème 2 en classe de première : « **Guerres européennes, guerres mondiales, guerres totales (1914-1945)** » ; thème 1 : « **Le jeu des puissances dans les relations internationales depuis 1945** » et thème 2 : « **Vivre en France en démocratie depuis 1945** ») en classe terminale.	

1. *En italique, ceux vus au collège.*

Table d'illustration

Couv ph © Jiro Ose / Redux-Rea
Rabat I - 1 ph © Roger-Viollet
- 2 ph © Usis-Dite / Leemage
- 3 ph © Joël Robine / AFP Photo
- 4 © Ville de Nantes
- 5 © Laboratoire de l'égalité
- 6 ph © AFP Photo
- 7 ph © Getty-Images
- 8 ph © Zoonar GmbH / Alamy / Photo12
Rabat II - 1 © Lyon, Musées Gadagne
- 2 ph © Archives Snark / Photo12
- 3 Coll. J. Brembati - Image'Est
- 4 ph © colaimages / Alamy / Photo12
- 5 © CC-BY TigH
- 6 ph © Heritage Images / The Print Collector / Photo12
- 7 Coll. Kharbine-Tapabor
- 8 ph © Michael Rougier / Time Life Pictures / Getty-Images
Rabat III - 1 ph © Aurimages
- 3 ph © BnF, Paris
- 4 ph © Aurimages
- 5 ph © Bridgeman Images
- 6 ph © Collection Dagli Orti / Aurimages
- 7 ph © Akg-Images
- 8 Coll. Kharbine-Tapabor
Rabat VI - g, 1 Coll. Musée de la Révolution – Domaine de Vizille
- g, 2 © defense.gouv.fr/jdc
- g, 3 ph © Christophe Petit-Tesson / AFP Photo
- g, 4 ph © Frédéric Marquet / PHOTOPQR / La Montagne / Maxppp
- d, 1 © Patrick Hertzog / AFP Photo
- d, 2 ph © Gérard Fouet / AFP Photo
- d, 3 © CC BY-SA 2.0
- d, 4 ph © Getty-Images

4 - h © Collection Particulière
4 - b ph © akg-images / picture-alliance / ZB
5 - h ph © Maxime Jegat / PHOTOPQR / Le Progrès / Maxppp
5 - b ph © Khaled Desouki / AFP Photo
6 - h © Liberté – Égalité – Fraternité dessinés par Florine Grimal et Stella Deville, mis en page par Marion Favreau, Musée de La Poste, Paris / La Poste 2020
6 - b ph © Patrick Hertzog / AFP Photo

10 © Collection Particulière
11 - g ph © Gianni Dagli Orti / Aurimages
11 - d Coll. Dixmier / Kharbine-Tapabor.
13 © Musée des Beaux-Arts d'Arras
14 - h, b ph © Archives Terre Blanche / Photononstop
15 ph © BnF, Paris
16 © Lyon, Musées Gadagne
18 ph © Coll. J. Brembati - Image'Est
19 Coll. Kharbine-Tapabor
21 Coll. Dixmier / Kharbine-Tapabor
22 © Archives départementales Haute-Savoie
24 ph © Leonard de Selva / Bridgeman Images
28 - h ph © Jean-Louis Martinetti
28 - b ph © Thomas Duval
30 ph © BnF, Paris
32 Coll. Jonas / Kharbine-Tapabor
34 © Collection Particulière
36 ph © Picture-Alliance / ZB / Akg-Images
37 - g ph © Joe Rosenthal / AP / Sipa Press
37 - d ph © Imperial War Museum / Aurimages
38 ph © British Library / Aurimages
39 ph © Imperial War Museum
40 ph © Tallandier / Bridgeman Images
41 ph © BnF, Paris
42 ph © Hulton Deutsch / Getty-Images
44 © CC-BY Moravice
46 ph © BnF, Paris
47 ph © Bettmann Archive / Getty-Images
48 ph © BnF, Paris
49 Coll. Dixmier / Kharbine-Tapabor
50 ph © Chapman University
51 ph © Photoshot / Aurimages
56 - h, b © Archives Départementales du Lot-et-Garonne
58 ph © Sabelskaya / stock.adobe.com
59 ph © CC BY-SA 2.0 Dan Sloan
60 - h ph © Keystone-France / Gamma - Rapho
60 - b ph © Archives de Gaulle / Bridgeman Images
62 ph © Maxime Jegat / PHOTOPQR / Le Progrès / Maxppp
63 - hg ph © Claude Paris / Cit'Images
63 - hm ph © Laurent Grandguillot / REA
63 - hd ph © Eric Chazerans / PHOTOPQR / Le Bien Public / Maxppp
63 - bg ph © Eric Feferberg / AFP Photo
63 - bm ph © Bertrand Rieger / hemis.fr
63 - bd ph © François Monier - Septième Ciel Images
64 ph © Damien Lachas
65 ph © Soudan E. / Alpaca / andia.fr
69 ph © Jean Isenmann
70 © 2020 Aerodata International Surveys, CNES / Airbus, Landsat / Copernicus, Maxar Technologies, Données cartographiques
71 © Communauté de Communes Rives de Moselle
72 © Département de Loire-Atlantique
73 - h © Loire-Atlantique développement - LAD- SELA/ Batimage / Baloon Photo
73 - b ph © Valery Joncheray
74 © Adème
75 © Cartographie EPA Sénart Communication – L. Descloux
76 © aggloroanne.fr - Roannais Agglomeration et Ville de Roanne
80 © Patrick Joly / Sominval
83 - h © Contient des informations © Copernicus Sentinel 2020, traitées par PEPS-CNES - Tous droits réservés
83 - b © remonterletemps.ign.fr. 2020
85 © Victor Locuratolo
88 ph © Khaled Desouki / AFP Photo
91 © cotedivoiretourisme.ci
93 - g ph © Tiago_Fernandez / iStock Editorial
93 - d ph © Atlantide Phototravel / Getty-Images
94 ph © Sia Kambou / AFP Photo
96 ph © Lintao Zhang / Getty-Images / AFP Photo
98 ph © Hoffmann Photography / agefotostock.com
100 - g ph © Chris Whiteman / Alamy / Photo12
100 - d ph © Richard Blanshard / Getty-Images
101 ph © Cesar Soares / Alamy / Photo12
102 ph © Javier Larrea / agefotostock.com
106 ph © Ludovic Marin / AFP Photo
107 © Nicolas Beaumont / Croix Rouge France
109 © Tadamund.co
111 © Da Silvio Bizenga
112 ph © Frédéric Soltan / Getty-Images
114 © Liberté – Égalité – Fraternité dessinés par Florine Grimal et Stella Deville, mis en page par Marion Favreau, Musée de La Poste, Paris / La Poste 2020
115 ph © Albert Harlingue / Roger-Viollet
116 © Laboratoire de l'égalité
117 - h © www.afip-asso.org
117 - b © defenseurdesdroits.fr
118 © Ville de Nantes
119 © Ville de Chaumont
120, 121 © fraternite-generale.fr
122 © Département de l'Ariège
123 ph © Bertrand Guay / AFP Photo
126 © www.afip-asso.org
128 © État-major des armées, Ministère des armées
129 ph © Patrick Hertzog / AFP Photo
130 - h ph © J. Lempin / Défense / Ecpad
130 - b ph © Christophe Petit-Tesson / AFP Photo
131 - h ph © Michele Cattani / AFP Photo
131 - b © Marine Nationale, Ministère des armées
132 Coll. Musée de la Révolution – Domaine de Vizille
133 ph © Frédéric Marquet / PHOTOPQR / La Montagne / Maxppp
134 ph © OnTeManipule.fr
135 © Anette Andersen / stock.adobe.com
136 - hg ph © J. Lempin / Défense / Ecpad
136 - hd ph © Michele Cattani / AFP Photo
136 - bg © Marine Nationale Droits, Ministère des armées
136 - bd ph © Patrick Hertzog / AFP Photo
137 ph © Frédéric Marquet / PHOTOPQR / La Montagne / Maxppp

Iconographe :
Sophie Suberbère / Hatier Illustration

01 - NB-CB/ND

Achevé d'imprimer par L.E.G.O. S.p.A. Lavis (TN) - Italie

Dépôt légal : 15764 - 8/01 - Avril 2020